스토리 시장경제 ❷

정의로운 체제, 자본주의

스토리 시장경제 ❷
정의로운 체제, 자본주의

초판 1쇄 인쇄 | 2014년 6월 27일
초판 2쇄 발행 | 2015년 7월 13일

지 은 이 | 최승노
발 행 인 | 김영희

기획·마케팅 | 신현숙, 권두리
정리·구성 | 이승진
편집 | 김민지
디자인 | 이현주

발 행 처 | (주)에프케이아이미디어(프리이코노미스쿨)
등록번호 | 13-860
주   소 | 150-881 서울특별시 영등포구 여의대로 24 FKI타워 44층
전   화 | (출판콘텐츠팀) 02-3771-0434 / (영업팀) 02-3771-0245
팩   스 | 02-3771-0138
홈페이지 | www.fkimedia.co.kr
E - mail | hsshin@fkimedia.co.kr
I S B N | 978-89-6374-079-9 03320
정   가 | 10,000원

이 도서의 국립중앙도서관 출판예정도서목록(CIP)은 서지정보유통지원시스템 홈페이지(http://seoji.nl.go.kr)와
국가자료공동목록시스템(http://www.nl.go.kr/kolisnet)에서 이용하실 수 있습니다.(CIP제어번호: CIP2014018812)

정의로운 체제, 자본주의

인류의 눈부신 진화를 이끌어온 선물

최 승 노 지음

프리이코노미스쿨

일러두기

- 이 책에서 각종 인용 자료의 표기는 다음과 같이 표기하였다.
  단행본 『 』, 연구보고서 및 논문 「 」, 일간지 및 잡지 《 》, 음반·영화·방송프로그램 〈 〉, 신문기사 외 기타 인용문 " "

- 본문 중 인명, 기업명, 단체명 등 고유명사는 맨 처음 나올 때만 오른쪽 위첨자로 원문을 병기했다.

- 해외 원서는 국내에 번역출간된 경우 번역출간된 도서의 제목을 쓰고 괄호 안에 원문을 병기했고, 번역도서가 없는 경우 직역하고 원문을 병기했다.

:
:
·

'우물 안 개구리'는 모두가 익히 알고 있는 말이다. 세상의 넓은 형편을 모르고 우물 안에만 있어 그게 전부인 줄 아는 것을 뜻한다. 우물 안 개구리를 응용한 이야기가 하나 있다. 그 우물 속 개구리가 탈출하고 싶어서 우물 안에 고인 우유를 끊임없이 밟고 점프하였고, 마침내 우유는 응고되어 버터가 되었다. 개구리가 그것을 밟고 결국 탈출한다는 이야기다.

개구리는 왜 그렇게 탈출하고 싶어 했을까? 아마도 '자유'를 갈망했기 때문이 아닐까? 그 우물 안에서 얼마나 답답했을까? 자유가 없는 세상은 이렇게 우물 안에 갇힌 개구리처럼 감옥 같은 세상이다.

인류 문명은 점차 개인의 자유를 확장시켜 왔다. 그 체제가 바로 자본주의이다. 자본주의가 발전하면서 개인이 누릴 수 있는 자유의 폭은 더욱 확장되었다. 자본주의가 발달한 사회에서는 사람들을 우물 안에 가두거나 억압하지 않는다. 우물 밖으로 나와 마음껏 자유를 누리고 살 수 있게 한다. 우물 안에서 탈출한 개구리는 어떻게 되었을까? 아마도 자유로운 세상 속에서 자신의 능력을 발휘하며 멋지게 살아갔을 것이다. 또한 자신이 우물 안에서 고통받았던 것을 생각하며 자신처럼 우물 안에 갇힌 개구리들이 탈출할 수 있도록 도왔을 것이다. 사람들이 자본주의가 발달한 나라로 자유를 찾아 망명을 하고 이민을 떠나는 것처럼 말이다. 그래서 자유가 보장되는 자본주의는 그 자체로 정의로운 것이다.

모든 꽃향기가 그렇지만 특히 장미꽃 향기에는 사람의 호르몬을 자극하는 성분이 있다고 한다. 그래서 장미꽃 향을 맡으면 기분이 좋아지고, 이 때문에 장미꽃을 선물하면서 프러포즈를 많이 하는 것이다. 장미꽃의 한 가지 단점이 있다면 가시가 많다는 것인데, 때문에 보통 꽃 가게에서는 장미꽃을 손질할 때 가시를 제거하고 판다.

하지만 식물학자가 말하길, 장미꽃이 살아남기 위해서

는 가시가 필수적이라고 한다. 장미에 가시가 있는 이유는 벌레 때문인데, 장미에 해를 끼치는 벌레가 기어오르는 것을 줄기 군데군데에 있는 가시들이 막아 주는 것이다. 그걸 모르고 장미꽃에 있는 가시들을 모두 제거해 버리면 해충이 기어올라 꽃에게 피해를 입히게 된다.

자본주의도 장미꽃에 비유해 볼 수 있다. 자본주의는 우리 삶을 자유롭게 하면서 풍요롭게 만든다. 경제적으로 일자리를 만들고 물질적 번영을 가져온다. 즉 자유를 증진시킨다는 그 자체로 정의롭고, 경제발전에 더 우호적인 체제라는 점에서 장미꽃처럼 화려하다.

하지만 세상에 완벽한 것은 없어서 사람들은 자본주의에 불만을 가질 수 있다. 더 투명해지고 개방된 사회의 속성을 갖는 자본주의에서 사람들은 자신과의 소득격차가 벌어지는 것을 보게 되고 불평을 쉽게 드러낼 수 있다. 상대적으로 빈곤하고 불행하다고 느낄 수도 있다.

이러한 감정적 요인, 즉 스스로를 괴롭게 만드는 가시 때문에 사람들은 자본주의라는 장미꽃을 꺾어 버리거나, 가시들을 모조리 없애 버리는 데 열중하곤 한다. 꽃이 필수 없게 만드는 것이다.

하지만 눈앞에 보이는 당장의 문제점만을 지적해 옳지 않다고 단정을 지어버리기보다는, 그 문제들을 넘어서 자본주의가 활짝 핀 정의로운 체제가 될 수 있도록 좀 더 인내하고 노력해야 한다. 즉 자본주의를 통해 개인의 자유를 보장하며, 각자의 능력을 발휘할 수 있도록 선택을 존중해주고, 참다운 정의가 실현될 수 있도록 해야 활짝 핀 장미를 보게 되는 것이다.

자본주의는 자유민주주의 시장경제 시스템을 말한다. 시장은 햇볕과 같이 어둠을 몰아낸다. 어두운 구석구석 곰팡이 같은 문제와 어려움을 제거해 나간다. 그러나 사람들은 햇볕을 감사하게 여기지 않는다. 공기처럼 늘 있는 것으로 생각해서 시장의 소중함을 잊고 사는 것이다. 시장경제의 밝음은 빛이 없는 사회를 통해 그 소중함을 증명할 수 있다. 그 빛의 소중함을 망각한 사회에는 점차 어둠이 몰려오고 만다.

이 책보다 먼저 자본주의의 본질을 설명한 책은 많다. 그 가운데 복거일의 『정의로운 체제로서의 자본주의』, 스티브 포브스의 『자본주의는 어떻게 우리를 구할 것인가』라는 책 등이 주목할 만하다. 이 책에서는 자본주의의 속성을 좀 더 이해하기 쉽게 스토리로 설명하고자 하였다. 시장경제의 가장 기본이 되는 원리인 '보이지 않는 손'을 설명한 『시장경제란 무엇인가』에 이어 이번 책에서는 자본주의에 대해 이야기한다. 우리 사회에서, 특히 1990년대 후반 경제 위기를 지나면서 상당 부분 왜곡된 자본주의에 대한 인식들을 짚어보고, 자본주의에 대한 올바른 이해를 높고자 했다.

차례

개인의 자유가 정치·경제·과학·예술 등
사회 각 분야에 발현됨으로써 19세기 이후의 세상은
이전 시대와 비교할 수 없을 만큼
창의적이고 혁신적인 발전을 이룩할 수 있었다.

인류의 번영을 꽃피운
무한 에너지, 자유

자유, 천재의 재능에 날개를 달다

사람들은 보통 아이큐가 높은 사람을 일컬어 천재라고 말한다. 세계적으로 유명한 수재들의 모임인 '멘사'의 회원들도 148 이상(전 세계 인구 대비 2퍼센트 이내)의 높은 아이큐를 자랑하며 천재 소리를 듣는다. 그렇다면 세계사에서 아이큐가 가장 높았던 천재는 과연 누구였을까?

과학사에서 최고의 천재로 손꼽히는 아인슈타인Albert Einstein은 아이큐가 무려 160이나 되었던 것으로 유명하다. 살아 있는 천재 과학자인 스티븐 호킹Stephen Hawking도 아이큐가 160인 것으로 알려져 있다. 그러나 인류 역사를 빛낸 수많은 천재들 가운데 가장 높은 아이큐를 자랑하는 인물

은 다름 아닌, '음악의 신동' 모차르트Wolfgang Amadeus Mozart
다. 현대 심리학자들이 추정한 바에 따르면, 모차르트의 아이큐는 자그마치 230~250에 이르기 때문이다.

모차르트는 이미 4살 때 피아노를 연주할 수 있었고, 5살 때는 바이올린을 연주하며 직접 곡을 만들기도 하였다. 뿐만 아니라, 모차르트는 어렸을 때부터 어떤 곡이라도 30분 내에 완벽하게 연주할 수 있었고, 한 번 들은 음악은 아무리 복잡한 곡이라도 악보에 정확히 옮겨 적을 수 있는 천재였다. 그래서 모차르트는 35년이라는 짧은 인생에도 불구하고 온갖 장르를 넘나들며 빼어난 음악들을 수도 없이 작곡할 수 있었다. 그러나 만약 모차르트가 자유를 누릴 수 없는 음악가였다면, 그의 주옥같은 세레나데나 흥겨운 행진곡은 물론, 〈피가로의 결혼〉, 〈마술피리〉 같은 위대한 오페라도 결코 탄생하지 못했을 것이다.

본래 서양의 고전 음악은 교회에서 드리는 예배를 목적으로 발달하여 종교적인 성격이 강했다. 게다가 18세기 전후의 음악가들은 왕실이나 교회, 혹은 재력 있는 귀족 가문에 고용되어 음악을 하는 것이 일반적이었다. 그래서 당시 음악가들은 주로 교회 음악을 만들거나 연주하였고, 자신이 원하는 방향보다는 고용주가 원하는 방향으로 음악 활동을 펼치는 경우가 많았다. 그러다 보니, 아무리 뛰어난 음악가라도 창의적인 예술가로 대우받기보다는 하인처럼 부림을 당하거나 무시받는 일이 많았다.

하지만 이러한 시대에 자신만의 음악세계를 자유롭게 펼치며 아름다운 곡들을 왕성히 만들어 낸 음악가가 바로 모차르트다. 물론, 모차르트도 처음엔 궁정음악단에 소속되어 쥐꼬리만 한 봉급을 받으며 연주자로 일했다. 그러나 천재적인 재능을 가지고도 언제나 하인 취급만 당하던 모차르트는 자신의 처지를 견디다 못해 결국엔 궁정을 뛰쳐나오게 된 것이다. 그렇게 왕과 귀족으로부터 벗어난 모차르트는 자유로운 감성으로 자신의 천재성을 유감없이 발휘할 수 있었고, 마침내 최고의 음악가로 우뚝 서게 되었다.

그런데 모차르트가 궁정음악단을 나오게 된 이유는 그가 가진 예술가로서의 자존심이나, 자유분방한 천성 때문만은 아니었다. 당시 급변했던 유럽 사회의 분위기도 모차르트의 독립을 크게 자극했다. 18세기 후반의 유럽 사회는 사회 전반에 걸쳐 급격한 변화를 겪고 있었다. 산업혁명을 바탕으로 부를 축적한 시민들이 왕과 귀족에게 속박되던 과거의 사회제도를 비판하고 자유와 평등을 부르짖기 시작했다. 이러한 움직임은 음악계에도 영향을 미쳤고, 그 결과 모차르트도 경제적인 독립을 통해 예술가로서의 위상을 회복하고자 궁정음악단을 과감히 뛰쳐나와 자신의 천재성을 마음껏 발휘할 수 있었던 것이다.

인류의 번영은 자유가 가져온 선물

요즘은 건강상의 문제로 설탕을 기피하는 사람들이 많아도, 돈이 없어 설탕을 못 먹는 사람들은 별로 없다. 하지만 1100년 경, 설탕이 유럽에 처음 도입되던 당시만 해도 설탕은 왕족이나 귀족들만 살 수 있던 초고가 사치품이었다. 그 뒤로 1650년에는 희귀품으로, 1750년에는 호사품으로 각광받던 설탕이 1850년이 되어서야 생활필수품이 되어 오늘날에 이른 것이다.[1] 설탕뿐 아니라, 지금은 흔히 구하기 쉬운 후추나 초콜릿도 과거에는 상류계층에서만 누릴 수 있던 호사품이었다.

스포츠 중에도 과거에는 부자들이나 상류계층만 누릴

수 있었던 경기들이 있다. 소위 '귀족 스포츠'라 불리던 승마, 골프, 펜싱 등이 그 대표적인 예에 해당된다. 그런데 최근 우리나라에서는 초등학생들도 방과 후 교실 프로그램을 통해 이러한 스포츠를 접할 수 있게 되었다.

또 불과 20~30여 년 전만 해도 자동차나 텔레비전은 부자들의 전유물로 상징되던 사치품이었지만, 지금은 어느 가정에서나 기본적으로 가지고 있는 필수품이 되었다.

이렇듯 과거에는 중산계층에서조차 상상할 수 없던 풍요를 오늘날 평범한 시민들이 누릴 수 있게 된 비결은 과연 무엇일까?

19세기 이전의 사회에서 개인은 국가를 위해 존재하며, 개인의 권리는 왕과 정부에 의해 주어지는 것으로 여겨졌다. 그러나 개인의 자유와 권리를 중시하는 개인주의와 자유주의의 등장으로 개인은 정치나 신분에 얽매이지 않고, 힘에 의한 억압이나 부담에서 벗어나게 되었다. 이로 인해 인류는 과학, 기술의 혁신적인 발달과 함께 풍요로운 삶을 누릴 수 있게 된 것이다.

개인주의란, 18세기 프랑스에서 처음 발생한 말로 국가나 사회 등의 집단보다 사회의 기본 단위인 개인을 더 우선시하고 중시하는 사상을 말한다. 초기의 개인주의는 공동체의 중요성을 강조하는 사람들에 의해 프랑스에서조차 상당히 부정적인 개념으로 인식되기도 했다. 전통적으로 개인보다는 국가나 집단 공동체 의식이 강한 우리나라에서도 개인주의자 하면 흔히 '남에게 십 원도 안 주고, 십 원도 안 꾸는 사람', 다시 말해 다른 사람에게 간섭받지(피해주지) 않으면서 다른 사람에게 간섭하지도(피해주지도) 않는 '나홀로족'을 연상하기 쉬운 말이었다. 그만큼 개인주의 자라고 하면 최근까지도 반사회적이고 자기 이익만을 챙기는 이기적인 존재로 인식되는 경향이 짙었다.

그러나 개인주의의 진정한 의미는, "국가나 사회적 다수결 및 어떠한 외적 힘으로부터도 제약을 받지 않고 개인의 자유와 권리를 보장하는 사상"[2]이라고 설명할 수 있다. 그리고 이러한 개인주의에 자극을 받아 등장하게 된 근대적 정치 이데올로기가 바로 자유주의다.

자유주의는 19세기부터 사용된 말이지만, 한마디로 설명하기는 어려울 정도로 개념이나 규정에 대한 정의가 상당히 다양하다. 그러나 가장 기본적이고 핵심적인 내용은 개인의 자유와 권리를 중시하고 보장하는 사상이라고 정리할 수 있다. 그런 의미에서 자유주의는 개인주의와 같은 말로 간주되기도 하는데, 이를 좀 더 구체적으로 설명하면 "자유사회에 적합한 개인주의의 일종으로서 성인을 성인으로 대우하고, 그들 자신이 결정을 내리게 하고(그들이 실수를 저지르는 경우조차), 그들 자신의 삶을 위한 최선의 해결책을 스스로 찾도록 신뢰하는 것"[3]이 바로 자유주의라고 할 수 있다.

그러므로 자유주의 사회에서 개인은 자율적이고 자립적인 주체로서, 다른 사람의 자유를 침해하지 않는 한 자신의 모든 생활에 대해 자유롭게 행동할 권리가 있다. 이러한 개인의 자유가 정치, 경제, 과학, 예술 등 사회 각 분야에 발현됨으로써 19세기 이후의 세상은 이전 시대와 비교할 수 없을 만큼 창의적이고 혁신적인 발전을 이룩할 수 있었다.

자유민주주의
시장경제 시스템이
곧 자본주의다

자유라는 말의 유래

영어로 '자유'를 뜻하는 말인 'free'는 '사랑하다'라는 뜻을 가진 선사인도유럽어 'pri'에서 유래되었다. 고대의 노예는 가족을 이루거나 친구를 사귀는 것이 허용되지 않았는데, 사랑하는 사람과 함께하는 것은 자유인만 누릴 수 있는 특권이었다. 그래서 '사랑'을 뜻하는 말인 'pri'로부터 '자유'를 뜻하는 'free'가 나온 것이다. 사랑의 대상인 '친구'라는 뜻의 'friend'나, 사랑의 여신 '프레야의 날' 즉, 금요일을 뜻하는 'friday'등이 '사랑'이라는 뜻에서 유래된 'free'의 대표적인 사촌 단어들이라고 할 수 있다.

한편, 'free'라는 말에는 '공짜', '무료'라는 뜻도 포함되어 있다. 중세 영국은 기사와 영주를 제외한 대부분의 사람들이 농노 계급에 속했는데, 이들이 여행을 할 때는 영주의 땅을 지날 때마다 비싼 통행료를 내야 했다. 그러나 중세 유럽의 자유인인 기사나 귀족들은 통행료가 면제되었을 뿐 아니라, 다른 귀족의 집에서 무료로 숙식을 요구할 수 있는 특혜도 있었다. 그래서 'free'는 '자유롭다'라는 뜻에서부터 '무료', '공짜'라는 뜻으로 의미가 확장되었다. 현대의 비즈니스 상황에서 '무상으로 주는 사은품 같은 것'을 의미하는 'freebee'나, '자기 일은 하지 않고 남의 일에 묻어가려는 사람'을 뜻하는 'freeloader'라는 말이 'free'가 가진 '공짜', '무료'라는 뜻에서 파생된 말들이다.[4]

자유는 개인이 누려야 할 기본권 가운데 가장 핵심적인 권리라고 할 수 있다. 그러나 'free'라는 말의 유래에서 알 수 있듯, 자유는 중세시대까지만 해도 기사나 귀족들에게만 허락된 특권에 해당됐다. 이러한 자유가 모든 사람에게 보편적으로 주어질 수 있게 된 것은 17~18세기 들어와서다. 자유주의 운동은 나라마다 다양하게 일어났다. 영국과 프랑스가 가장 앞섰다.

그런데 자유주의라는 말이 직접적으로 사용된 시기는

19세기 이후로, 자유주의는 개인의 자유를 옹호하며 이를 위해 법치와 사유재산, 자발적 교환에 의한 경제활동을 주창한다. 이러한 자유주의의 사상을 실현하는 정치체제가 바로 자유민주주의이며, 자유주의 사상을 실현하는 경제체제가 바로 자본주의다. 그리고 자본주의는 자유민주주의 시장경제라고도 한다.

자유민주주의는 정치자유의 구현이라는 점에서 사회민주주의나 인민민주주의와 구별되며, 자본주의 시장경제는 경제자유의 구현이라는 점에서 개입주의와 구별된다. 따라서 자유민주주의 시장경제인 자본주의는 정치자유와 경제자유가 하나로 통합된 시장경제 시스템이라고 할 수 있다.

자본주의가 가장 자유롭다

자유주의 경제학자인 미제스Ludwig von Mises[5]는 일찍이 원천적으로 실현 불가능한 사회주의를 극렬히 비판하면서 자유주의에 바탕을 둔 사회질서만이 자유와 평화, 번영을 가져올 수 있으며, 시장경제 없이는 개인의 자유가 보존될 수 없다고 주장하였다. 그리고 그의 주장은 예언과도 같이 사실로 입증되었다.

1990년대 초, 사회주의 경제의 동유럽 공산국가들이 도미노처럼 줄줄이 무너진 데 반해, 자유민주주의 시장경제 국가들은 어느 체제보다도 과거에 억눌렸던 소수, 즉 여성이나 이민족, 장애인 등 사회적 약자에게 이르기까지 개인의 자유와 인권을 보장하며 물질의 풍요와 번영을 이룩하였다. 그 결과 사회구성원들의 생활수준과 삶의 질이 전반적으로 크게 향상되었고[6], 이와 함께 비물질적 번영으로서 학문은 물론 문화·예술 활동이 다양하게 발전하였다. 학문 연구나 문화·예술 등의 창작활동도 개인의 자유와 생활의 안정이 전제되어야 활발히 이루어질 수 있기 때문이다.

그러나 정부의 간섭이 심한 사회주의나 국가간섭주의 체제에서는 구성원들의 생활수준이 낮고, 자유마저 억압되어 순수한 의미의 문예활동은 존재하기조차 어려운 게 현실이다.

전체주의 사회에선 개인들이 자신들의 직업을 자유롭게 선택할 수 없다. 자연히, 어떤 개인이 자유롭게 작가가 될 수도 없고 자유롭게 그만둘 수도 없다. 중앙의 계획 기구에 의해 선택된 개인들이 작가들과 예술가들이 될 수 있고 그들이 하는 일들은 본질적으로 체제에 봉사하는 것들에 국한된다. 달리 말하면, 그들은 선전선동 일꾼들이 되어야 하며, 다른 선택의 여지가 전혀 없다.

　예술이 선전선동의 수단이 되고 예술가들이 노동의 지도를 통해서 작업을 배정받으므로, 전체주의 사회에서 예술작품들은 필연적으로 엄격한 검열을 받게 된다. 검열이야 모든 사회에서 있었지만, 전체주의 사회에서 그것은 예술을 근본적으로 규정하는 요소가 된다.[7]

　이렇듯 자본주의는 사회 구성원들에게 더 많은 자유를 누리고 권리를 찾게 해 줌으로써, 인류에게 물질적 번영 및 이를 바탕으로 한 비물질적 번영까지 안겨 주었다. 그렇다고 해서 자본주의가 절대적으로 완벽한 최고의 무결점 경제 시스템이라는 말은 아니다. 다만, 인류 역사를 통해 자생적으로 만들어진 가장 자연스러운 체제이자, 유일하게 실현 가능한 제도이며, 다른 체제(개입주의, 사회주의, 전체주의)와 비교할 때 가장 덜 나쁜 시스템이라는 점에서 자본주의가 가장 인간적이고 가장 바람직한 시스템이라고 할 수 있는 것이다. 자본주의의 모순을 극복하겠다던 사회주의 국가들이 처참한 실패의 기록만 남겼을 뿐, 지금까지 자본주의의 대안은 없었다는 역사적 현실이 바로 이러한 사실을 분명히 입증하고 있다.[8]

비참함을 공평하게 나눠 갖는 것보다는, 풍요를 능력에 따라서 차등적으로 나눠 가질 수 있는 것이 훨씬 더 공평한 사회가 아닐까? 역사 속에서도 입증되었듯이, 이제는 자본주의가 가장 최선이라는 것을 인정해야 할 것이다.

자본주의를 움직이는
두 개의 톱니바퀴

자본주의의 두 측면, 경제자유와 정치자유

홍콩과 인도는 오랜 기간 동안 영국의 식민지 통치 하에 있었다. 그런데 오늘날, 홍콩은 부와 번영을 상징하는 부자나라로 손꼽히게 되었고, 홍콩보다 50년이나 앞서 독립을 이룩한 인도는 가난에 허덕이는 못사는 나라의 대명사가 되었다. 도대체 무엇이 두 나라 사이에 이러한 격차를 만든 것일까?

자유주의 이념이 사회에 실현되는 형태를 크게 두 가지로 나누면, 하나는 경제자유(경제적 자유)이고 다른 하나는 정치자유(정치적 자유)라고 할 수 있다. 경제자유란, 개인이 정부의 강요가 아닌 자신의 이익에 따라 스스로의

의지로 경제적 결정을 내리고 행동하는 자유를 말한다. 정치자유란, 정치적 활동이나 목적을 위한 자유로서 언론·출판·집회·결사·단체행동의 자유와 선거권의 행사 등이 이에 해당된다.

경제자유와 정치자유는 서로 맞물린 톱니바퀴와 같아서, 경제자유(시장경제)가 잘 돌아가면 정치자유(민주주의)도 잘 돌아가게 되고, 정치자유가 잘 돌아가면 경제자유도 잘 돌아가게 된다. 반대로 둘 중에 한 가지가 엉망이 되면 나머지도 엉망이 되어 두 가지가 다 안 되는 양상으로 나타나기 쉽다.

예컨대 미국과 유럽의 선진국들을 보면, 국민들이 경제자유도 누리고 민주주의도 향유하고 있음을 쉽게 확인할 수 있다. 반면에 가난한 나라들로 대표되는 에티오피아나 부탄, 몽골 등의 국가들을 보면 왕족이나 독재자에 의한 착취와 억압으로 경제자유와 정치자유가 모두 안 되는 것을 볼 수 있다. 북한도 인민민주주의라는 말은 쓰지만 국가 이름에만 민주주의가 들어갈 뿐, 사실상 경제자유는 물론 정치자유로서 민주주의가 실현되지 않는 나라라는 건 만천하가 다 알고 있는 사실이다.

그렇다면 왜 어떤 나라들은 경제자유와 정치자유가 다 잘 이루어지는데, 어떤 나라들은 잘 이루어지지 않을까? 경제자유가 높은 나라와 정치자유가 높은 나라를 비교해 보면 이와 관련한 흥미로운 사실을 발견할 수 있다.

선진국과 후진국의 운명을 가르는 경제자유

앞서 언급했듯 홍콩과 인도는 모두 영국의 식민지였다. 그런데 두 나라엔 정치·경제적으로 상이한 차이점이 있었다. 홍콩은 식민지 지배 아래 있었을 때부터 정치자유는 없어도, 경제활동에 대한 제한은 거의 없었다. 그래서 독립을 이룬 뒤에도 경제자유가 잘 발달하였고, 경제자유를 바탕으로 놀라운 경제성장을 이룩할 수 있었다. 반면에 영국의 민주주의 전통을 이어받은 인도는 독립 후에도 정치자유가 보장됐지만, 경제적으로는 정부의 규제가 심해 자유롭게 활동할 수 있는 것이 거의 없었다. 이러한 차이로 인해 경제자유만 발달했던 홍콩이 정치자유만 발달했던 인도보다 훨씬 부유하고 자유로운 국가로 성장할 수 있었던 것이다.

미국의 식민지였던 필리핀도 인도와 비슷한 길을 걸었다. 필리핀은 독립 후 민주주의가 자리를 잘 잡아 60년대까지만 해도 아시아에서 일본 다음으로 잘사는 나라로 성장하였다. 그러나 경제자유가 좀처럼 개선되지 않아 경제성장이 더뎠고, 지금은 민주주의마저 불안하고 쿠데타를 염려하는 수준에서 벗어나지 못하고 있다. 반면에 장충체육관 감리를 맡길 정도로 필리핀의 우수성을 인정하고, 필리핀을 잘사는 나라로 부러워했던 우리나라는 경제자유 증진을 바탕으로 아시아 최고의 민주주의 국가로 발전하게 된 것은 물론, 경제적으로도 엄청난 도약을 이루어냈다.

이상에서 살펴본 바와 같이 경제자유는 정치자유보다 실제적인 의미를 갖는다고 할 수 있다. 경제자유와 정치자유가 처음부터 똑같이 잘 발달되긴 어렵지만, 경제자유를 먼저 이룬 나라는 시장경제가 번성하여 풍요를 이루고, 국민 개개인이 넉넉한 삶을 살게 된다. 아시아에서는 홍콩 외에도 싱가포르가 세계적으로 경제자유가 높다. 싱가포르 역시 정치자유는 높지 않았지만, 경제자유가 워낙 높다 보니 홍콩처럼 경제적 번영을 이루고 사회적 안정과 삶의 질이 높게 나타고 있다.

그러나 경제자유가 낮은 나라는 인도나 필리핀처럼 민주주의마저 불안해지기 쉽다. 또한 수많은 빈곤 국가들이 북한처럼 국가 이름에 민주주의를 넣고 있지만, 가난과 궁핍, 착취와 쿠데타만 만연할 뿐 민주주의를 실제로 이룬 모습은 찾아보기 어렵다. 그러므로 저개발 국가들이 민주주의를 안정시키고 발전시키기 위해서는 하루 속히 경제자유를 증진시키는 것이 중요하다.

경제자유가 가져온 뜻밖의 결과

1973년 9월 11일, 칠레 최초의 민주정부 수장인 아옌데Salvador Isabelino Allende Gossens 대통령이 피노체트Augusto José Ramón Pinochet Ugarte를 군 총사령관으로 임명하였다. 그로부터 한 달 뒤, 피노체트는 쿠데타를 일으켜 정권을 장악했고 스스로 대통령직에 올랐다. 그 뒤로 대대적인 숙청을 통해 반정부 시위대와 적대 세력을 무자비하게 탄압한 피노체트는 이후 17년 동안 철권통치를 펼치며 철저한 통제정치를 이어나갔다.

하지만 피의 독재자인 피노체트도 극심한 물가상승을 해결하고 경제 부흥을 일으키기 위해 자유시장경제주의자들에게는 열심히 귀를 기울이는 노력을 아끼지 않았다. 그 결과 칠레는 개방과 경쟁의 자유시장경제체제를 구축하게 된 것이다.

이에 따라 지속적인 경제성장을 이루게 된 칠레에서는 중산층이 크게 확대되면서 정치적 자유의 요구가 거세게 몰아치기 시작했다. 결국 피노체트 정권은 민주화를 외치는 반정부세력의 강력한 저항에 못 이겨 국민투표를 실시하게 되었고, 선거를 통해 패배의 쓴 잔을 마시게 되었다. 독재자가 일궈낸 경제성장이 독재자를 물러나게 만든 아이러니한 사태가 벌어지고 만 것이다.

개방정책이 도입된 이래 급격한 경제성장을 이룩한 중국과 러시아에서도 정치적 자유에 대한 시민들의 의식이 점점 고조되고, 이에 따라 정부의 정치적 압박도 차츰 느슨해지기 시작했다. 경제적인 안정으로 인해 기본적인 욕구, 즉 먹고사는 문제가 해결된 사람들은 보다 고차원적인 욕구인 정치적 자유를 갈망하게 되는 것이 자연스러운 순서이기 때문이다. 근래에 경제적으로 급부상한 중국의 중산층이 자신들의 권익을 지키기 위해 정부의 권위주의적 지배에 대항하는 세력으로 성장하게 된 것도 바로 이러한 이치에서다.

러시아에서도 공산주의가 붕괴된 이후 민주화의 물결이 여러 번 벽에 부딪힌 바 있지만, 지금의 러시아 국민들은 과거 어느 때보다도 훨씬 많은 자유를 누리게 되었다. 이렇듯 경제자유는 경제성장을 촉진하여 정치자유의 발전까지 자극한다.

20세기 경제학에 가장 큰 영향을 미친 밀턴 프리드먼 Milton Friedman[9]도 그의 저서인 『자본주의와 자유Capitalism and Freedom』를 통해 "경제적 자유는 정치적 자유를 성취하기 위한 필수불가결한 수단이 된다"고 주장하였다. 이는 앞 장에서 살펴본 홍콩과 싱가포르의 예에서처럼 경제자유가 하부를 이루고 정치자유가 상부를 이루어야 함께 발전할 수 있다는 사실과 일맥상통한다. 경제적인 문제가 해결되지 않은 상태에서 정치적 자유의 외침이란 허울 좋은 구호에 불과하기 때문이다.

프리드먼은 정치자유에 비해 경제자유가 중요한 또 한 가지 이유로, 경제체제가 권력의 집중이나 분산에 커다란 영향을 미친다는 점도 강조하였다. "경제적 권력을 정치적 권력으로부터 분리하고, 그러한 방식으로 전자가 후자를 상쇄하도록 하기 때문"에, 경제적 자유를 제공하는 경제조직, 즉 자본주의 시장경제가 권력의 분산을 통해 정치적 자유도 촉진시킨다는 것이다.[10]

미국의 경제전문지, 《포브스Forbes》의 발행인인 스티브 포브스Steve Forbes 역시『자본주의는 어떻게 우리를 구할 것인가How Capitalism Will Save Us』라는 저서에서, 경제자유가 정치자유의 선행 조건이 된다는 사실을 다음과 같이 설파하였다.

경제자유화를 이룬 나라는 국민들에게 더 많은 자기 결정권을 부여하기 때문에 민주주의로의 이행 속도도 빠르다. 카토 연구소의 애널리스트 대니얼 그리스울드가 인용하는 연구 사례에 따르면, 1980년대 중반 이후로 경제를 자유화한 나라들에서 민주적 선거에 의해 정권이 탄생한 비율은 40퍼센트에서 최근에는 60퍼센트 이상으로 크게 늘어났다. 일례로 중국은 아직까지 서구형 민주주의와는 거리가 멀지만, 마오쩌둥毛澤東의 문화혁명기와 비교하면 오늘날의 중국은 훨씬 자유로운 나라로 바뀌었다.

우리나라도 민주주의 혁명 때문에 정치자유가 확장된 것이 아니라, 경제자유가 높아지면서, 다시 말해 시장경제가 발달하면서 중산층이 폭 넓게 형성됐고, 이러한 경제적 번영의 결과로서 정치자유까지 확장된 경우에 해당된다. 상호 이익을 늘리는 경제적 교류와 자유무역을 통해 경제성장을 이루고, 이를 바탕으로 정치적 자유까지 확고히 다질 수 있었던 것이다. 그 결과 우리나라는 이제 G20 정상회의를 개최할 정도로 그 위상이 높아졌으며, 자유민주주의와 시장경제를 동시에 이룬 모범 국가로 자리 잡게 되었다.

아직 민주주의가 제대로 꽃피우지 못한 국가들에서 민주주의 혁명의 움직임이 일어나고 있다. 이집트, 중동아시아 국가 등에서 민주주의를 외치는 목소리가 높아지고 있다는 소식이 들린다. 그러나 계속해서 이러한 목소리가 나올 뿐 어떠한 구체적인 성과는 이뤄지지 않는 것이 현실이다. 아직 경제적 자유가 확립되지 않은 상태에서 민주화의 목소리만 높이고 있기 때문에 민주주의 혁명에 실패하는 것이다. 경제적 자유가 바탕이 되어야 민주주의가 제대로 자리 잡을 수 있는 것이다.

경제성장은
저절로 따라온다

경제자유는 정치자유의 선행조건이 될 뿐 아니라, 경제성장을 위한 필요조건이 되기도 한다. 이 같은 사실은 경제자유지수[11]와 관련된 다음 페이지의 자료들[12]을 통해 쉽게 확인할 수 있다.

도표에 따르면 경제자유지수가 높은 나라는 1인당 국민소득도 높다는 사실을 알 수 있다. 또 경제자유지수가 높은 나라는 경제성장률도 높으며, 하위 10퍼센트 계층의 소득도 높다는 사실을 확인할 수 있다.

구체적인 사례로 볼 때, 중국과 홍콩의 경제 격차 역시 경제자유의 측면에서 비교·분석이 가능하다. 폐쇄적 사회주의 계획경제로 인해 경제자유지수가 항상 세계 최하위권을 기록하고 있는 중국은 홍콩보다 막대한 자원을 보유

경제자유와 1인당 국민소득(2011)

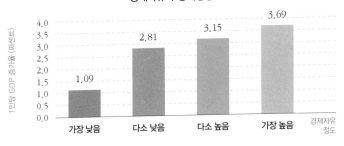

경제자유와 경제성장

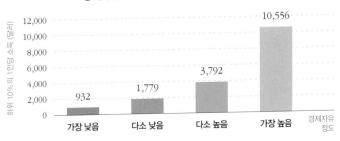

경제자유와 하위 10퍼센트 계층의 소득수준

자료: 「세계경제자유 연례보고서(Economic Freedom of the World; 2013 Annual Report)」, Fraser Institure

하고 있음에도 불구하고 경제적 수준이 훨씬 뒤떨어진다. 반면에 오랫동안 경제자유가 지켜져 온 홍콩은 최근 30년 간 경제자유지수에서 부동의 1위를 기록하며 고도의 경제성장을 이룩하였다. 결국 자유로운 경제 환경이 홍콩을 중국보다 월등한 경제선진국으로 성장시킨 것이다.

그런데 일반적으로 홍콩처럼 오랫동안 경제자유지수가 상위권에 있었던 나라들보다는, 경제자유지수가 급격히 높아진 나라들에서 경제성장률이 더 높게 나타난다. 이는 경제자유와 경제성장률의 관계가 얼마나 긴밀한가를 단적으로 보여주는 예라고 할 수 있다.

우리는 이상의 사실들을 통해 경제자유지수가 높은 나라, 즉 시장경제의 원칙에 따라 재산권 보호를 바탕으로 경제활동의 자유가 잘 보장되고, 무역활동이 개방적인 나라일수록 경제성장률이 높고 국민들의 소득 수준이 높다는 원리를 분명히 발견할 수 있다. 싱가포르도 규제 완화를 통해 경제자유를 증진시킴으로써 1인당 국민소득이 일본을 뛰어넘을 만큼 엄청난 경제성장을 이룩할 수 있었고, 아일랜드도 경제자유의 확대를 통해 1인당 국민소득이 영국을 앞지르는 성과를 거둘 수 있었다.

우리나라 역시 경제자유를 높여 급격한 경제발전을 이룩한 대표적인 성공사례이다. 6·25전쟁으로 전 국토가 유린돼 한때 세계에서 가장 가난한 나라 중의 하나였지만, 전쟁의 참화를 극복해 나가며 '한강의 기적'을 이뤄낸 것이다. 1970년 2조7,000억 원에 불과했던 국내총생산(GDP)은 2010년 1,100조 원을 넘어섰다. 40년 만에 경제규모가 무려 400배 커진 것이다. 이제 대한민국은 경제적 부를 이루고 민주주의를 공고히 한 선진국가로 인정받고 있다.

우리나라가 이처럼 세계에서 유례를 찾기 힘들 정도로 빠르게 성장한 가장 핵심적인 동인은 바로 자유시장경제의 확대에 있다. 자유롭게 경제활동을 할 수 있게 되면, 사람들은 자신의 노력과 창의성을 높이고 자신의 능력을 최대한 발휘하게 된다. 이것이 경제를 발전시키는 원동력이 된 것이다.[13]

경제자유가 낮은 나라는
한계가 있다

경제자유가 낮은 나라들의 현주소

경제자유가 높아지면 정치자유가 증진되고 경제성장이 촉진되어 민주주의가 안정적으로 정착할 수 있게 된다. 그러면 법치가 잘 지켜지고 개인의 자유와 권리도 잘 보호되는 사회가 만들어진다.

반대로 경제자유가 낮으면 정치자유도, 경제성장도 기대할 수 없으며 민주주의도 발전하기 어렵다. 한마디로 경제자유가 낮은 나라에서는 개인의 인권이나 자유가 침해되기 쉬우며, 사회 전반에 걸쳐 선진국이 되는 데 한계를 갖게 된다는 뜻이다. 러시아나 중국이 개방정책을 발판으로 급속한 경제성장을 이루었음에도 불구하고, 여전히 많은 문제점을 안고 있는 것이 바로 그러한 까닭에서다.

러시아에서는 공산주의체제가 무너진 뒤에도, 여전히 권위주의적인 정부체제 하에 계획경제가 이루어지고 있다. 이로 인해 온갖 규제가 만연하여 경제자유가 크게 제약되고 민주화도 더뎌지게 되었다. 특히 중국은 지금까지도 공산당이 권력을 독점하여 폐쇄적인 특징이 강하고, 개방정책 외에는 경제자유가 전반적으로 실현되지 않아 사회적으로 많은 모순을 지니고 있다.

물론 과거와 비교해 보면, 개방정책만으로도 중국 사회가 많이 달라진 것은 틀림없는 사실이다. 또 오늘날 중국을 바라보는 대부분의 시각들이 중국의 잠재력을 높이 평가하며, 중국의 미래를 낙관적으로 전망하고 있는 것도 분명 사실이다. 그러나 폐쇄사회가 가진 일반적인 특징대로, 세상에 알려진 중국의 현실이나 잠재력이라는 것은 다음의 사실과 같이 오도된 정보일 가능성이 농후하다.

뉴스 세탁은 국내에만 그치지 않는다. 국제 언론 시장에서 중국 소식이 거의 하루도 빠짐없이 등장하게 되면서, 중국 정부는 국내에서 펴던 언론정책을 세계무대로까지 확장시키려 하고 있다. 정치적으로 계산된 사진 촬영, 그리고 경제적 발전을 자랑하면서도 한편으론 국제적 동정을 받으려는 피해의식이 담긴 보도자료를 배포하는 일 등은 모두 다 '엄격한 통제 속에 뉴스를 제작'하려는 야심찬 정책의 일부분인 것이다.[14]

중국은 과연 선진대국으로 성장할 수 있을까?

　중국 정부의 언론 통제 및 조작 가능성은 중국의 언론 자유지수가 세계 179개국 가운데 최하위권인 173위[15]에 기록되었다는 사실만 보더라도 충분히 납득할 만하다. 실제로 중국의 참 모습을 폭로한 각종 보도자료들과 서적들을 살펴보면 중국의 현실은 세상에 알려진 모습과 상당히 다를 뿐만 아니라, 알려지지 않은 심각한 문제들이 훨씬 많다는 사실을 쉽게 발견할 수 있다.

　예를 들어 중국에서는 소수 종족에 대한 탄압이 끔찍하게 이루어지며, 열악하다 못해 참혹한 환경에서 죽어가는 사람들이 속출하고 있으며, 유괴되어 밀매되는 아이들이 셀 수도 없을 만큼 많이 있어 인권 유린의 심각성을 엿

보게 한다.

뿐만 아니라, 자유시장경제의 경쟁원리가 배제된 중국에서는 구조적으로 혁신적인 기술과 창의적인 아이디어가 창출되지 않아 세계적인 브랜드를 만들지 못하고 있다. 그 대신 중국에서는 소위 '짝퉁'이라 불리는 온갖 싸구려 모조품들이 대량생산되어 중국을 '가짜왕국', '짝퉁천국'으로 불리게 만들었다. 특히 중국에서 만들어지는 짝퉁 중에는 조앤 롤링의『해리포터』시리즈를 흉내 낸『해리포터와 용쟁호투』,『해리포터와 황금거북』등 저작권 및 특허권에 심각한 피해를 주는 각종 저작물과 패션 잡화도 셀 수 없이 쏟아지고 있다. 더구나 중국에서는 건강과 생명을 위협하는 유해식품 및 가짜 의약품 등이 대량으로 유통·판매되고 있어 자국뿐 아니라 국제사회에서도 커다란 물의를 일으키고 있다.[16]

이 밖에도 중국에서는 정부 조직에서부터 산업 전반에 이르기까지 부패가 극심하며, 그 규모와 범위와 방법이 상상을 초월할 만큼 사기와 위조, 범죄 문제도 심각한 수준에 이르러 있다. 최근 중국에서 이슈가 되고 있는 '가면 범죄'도 그 일면을 잘 보여준다. 가면 범죄란, 가면을 쓴 범죄자들이 절도와 성폭행을 일삼는 행위로, 이들이 쓰는 가면은 중국이 짝퉁 천국이라는 명성에 걸맞게 육안이나 촉감으로는 식별이 어려울 정도로 정교해서 감시카메라(CCTV)망을 무색하게 만든 것으로 화제가 됐다.

이상의 몇 가지 현실들은 중국의 미래가 결코 밝지만은 않으며, 오히려 위태롭기까지 하다는 사실을 면밀히 보여준다. 그런데 언론 통제나 인권 유린을 비롯한 각종 사회 문제들이 중국만의 문제로 국한되는 것은 아니다. 북한이나 러시아, 베네수엘라, 이란, 쿠바 등 경제자유가 제한된 다른 여러 나라들에서도 이러한 문제는 쉽게 발견되고 있다. 결국 경제자유의 제한 및 부재는 한 나라의 경제문제는 물론 사회 전반에 걸쳐 커다란 해악을 끼치며, 사회 발전을 저해하는 심각한 요인이 되는 것이다.

재산권,
경제생활의 밑거름

소유가 없는 곳에는 정의도 존재하지 않는다.

- 하이에크 -

재산권도 인권이다

사유재산은 시장경제를 움직이는 밑거름

재개발이 예정되면 개발 지역의 주택이나 토지를 일부 매입하여 고의적으로 매각을 거부하거나 철거를 거부하는 사람들이 종종 발견된다. 개발업자로부터 최대한 많은 돈을 받아내기 위해 일종의 방해 공작을 펼치는 것이다. 우리나라에서는 이러한 행위를 가리켜 '알박기'라고 지칭하는데, 땅에 알을 박아 그것이 황금알로 변하기를 기다린다는 뜻에서 생긴 말이다.

최근에는 중국에서도 알박기를 하는 사람들이 눈에 띄게 늘어나고 있다. 그래서 중국에서는 도심의 고층 건물 사이에 뜬금없이 자리하고 있는 무덤이나, 도로 한복판에 떡

하니 버티고 있는 건물들을 어렵지 않게 발견할 수 있다. 지방정부가 재개발을 추진할 때 국유화 보상조건이 땅이나 건물 소유주의 기대치에 미치지 못해, 소유주들이 매매나 철거를 거부하고 있는 것이다. 중국에서는 이러한 행위를 가리켜 못처럼 한 가운데에 박아 놓는다는 뜻에서 '못 박기'라고 부른다.

사회적으로 볼 땐 반사회적 이기주의라고 충분히 비난받을 수 있는 문제이지만, 이러한 현상이 용인되고 있다는 것은 중국이 자본주의 사회가 되었다는 점을 역설적으로 시사한다는 점에서 상당한 의미가 있다. 주민들의 철거 거부 행위에 대해 중국 정부가 공권력을 동원하여 강제로 철거하지 않았다는 사실은 법 안에서 개인의 소유권(재산권)을 인정했다는 뜻으로, 이러한 재산권 보호는 자본주의 사회의 가장 기본적인 특징이 되기 때문이다.

재산권(사유재산권)은 재산을 소유하고 그것에 대한 경제적 이익을 자유롭게 추구할 수 있는 법적 권리로, 시장경제를 움직이는 밑거름이 된다. 사유재산이 인정되고 보호되는 사회에서라야 구성원들이 자신의 이익(소유)을 위해 경제활동에 적극적으로 참여하기 때문이다.

개인의 자유와 도덕성도 재산권을 통해 실현된다

재산권의 보호는 개인의 자유와 권리를 구현하는 데에도 필수적인 조건이 된다. 재산 가운데 가장 근본적이면서도 가장 중요한 것이 바로 자신의 몸인데, 사유재산이 인정되지 않는 사회에서는 자기 몸에 대한 자유와 권리마저 보호받을 수 없기 때문이다. 그런 의미에서 재산권의 확립이 곧 자유의 핵심이 되는 것이다. 소유와 자유의 밀접한 상관관계는 다음의 사실을 통해서도 분명히 알 수 있다.

고대 동양 전제정치의 경우처럼 국가가 모든 생산자원을 소유한 곳에서 개인이나 가족은 자신의 자유를 행사할 수단이 없다. 경제적으로 주권의 권한에 전적으로 의존해야 하기 때문이다. 토지의 사적 소유와 민주주의가 고대 그리스, 특히 아테네에서 탄생하게 된 것은 결코 우연이 아니다. 아테네는 독립적 농민에 의해 세워지고 통치된 도시국가로 이들은 경제와 군대의 주축을 이루었다.

주요 근대 민주제도의 상당 부분이 중세 도시자치제로부터 시작되었다는 사실 역시 우연이 아니다. 이들 자치도시에서 무역과 제조업은 강력한 중산계층을 탄생시켰으며, 이들은 자신의 재산을 자

유의 일부분으로 여겼다. 이러한 경험에서 자유와 권리에 대한 근대의 개념이 출발했다.[17]

　게다가 사유재산이 인정되지 않으면 자신의 몸으로(노동으로) 발생시킨 어떤 결과물도 자기가 소유할 수 없게 된다. 그러므로 사회구성원들이 자신의 욕구를 만족시키고 자유로운 삶을 영위하는 사회를 만들기 위해서는 사유재산이 반드시 인정되어야 한다.

　재산의 인정은 주인의식을 고취시켜 도덕성을 함양시키는 기능도 한다. 사람은 자기 일, 자기 물건 등 자신이 소유한 대상에 대해 애착을 갖는다. 그래서 누가 시키지 않더라도 자신의 소유물에 대해서는 관심을 갖고, 정성을 쏟고, 책임을 지는 것을 당연하게 여긴다. 한마디로 주인의식을 갖게 된다는 뜻이다. 하지만 사유재산이 인정되지 않으면 주인의식이 발현될 수 없고 책임감과 성실성도 사라지게 된다.

　오랫동안 문제가 되어 왔던 공기업의 부채 및 부실경영이 주인의식의 부재에서 비롯된 대표적인 예라고 할 수 있다. 특히 공기업의 막대한 부채는 국가 재정을 위협할 정도다. 이 같은 문제에는 여러 가지 원인이 있겠지만, 공기업이라는 특성상 적자가 나도 국가에서 알아서 해결해 줄 거라는 생각에 누구도 책임의식을 느끼지 않는다는 것이 커다란 이유 중 하나임은 틀림없다.

사유재산이 없는 사회에서는 자선이라는 미덕도 사실상 발현되기 어렵다. 다른 사람에게 베풀고 싶은 마음이 굴뚝같아도 '자기 것'이 없으면 베풀 수가 없기 때문이다. 만약 국가가 가난한 사람에게 자선을 베풀더라도, 국민의 재산을 빼앗아 선심을 베푸는 것이기 때문에 이 역시 진정한 의미의 자선이라고 할 수는 없다. 오히려 합법적 약탈을 통한 분배라는 의미에서 위선과 모순의 극치라고 할 수 있다. 그래서 재산권의 확립이 정의롭고, 재산권에 바탕을 둔 자본주의체제가 정의로운 경제체제인 것이다.

내 것이 분명해야
거래할 수 있다

시장에서 자발적 거래와 질서를 유지하는 법

지난 2008년 10월, 서울에서 한 가정주부가 도로에 있던 은행나무 열매를 과도하게 땄다가 경찰에 입건된 사건이 있었다. 가로수는 지자체의 재산이기 때문에 열매를 함부로 따는 행위는 절도죄로 간주되기 때문이다. 심지어 가로수를 손상시킨 경우에는 관련법에 따라 징역이나 1,500만 원 이하의 벌금형을 받을 수도 있다.

당사자야 길거리에 있는 나무인데, 열매 좀 따는 게 왜 불법이냐며 억울해 했을 수도 있지만, 현실적으로는 전혀 억울해 할 일이 아니다. 만일 가로수에 대한 재산권과 재산권 침해에 관한 처벌법이 시행되지 않는다면, 은행나무든 감나무든 열매 맺는 가로수는 해를 넘기기도 전에 손상되고, 이로 인해 막대한 재정 손실이 발생하게 될 것이다. 또한 열매를 따러 몰려드는 사람들 사이에선 크고 작은 다툼이 끊임없이 벌어져서 폭력과 혼란이 야기될 수도 있다. 그래서 재산권에 대한 설정과 보호가 필요한 것이다. 중국의 법가 상앙商鞅도 토끼의 소유권을 예로 소유권(재산권)의 중요성을 명확하게 강조였다.

100여 명이 한 마리의 토끼를 쫓는 것은 토끼 한 마리가 100마리로 변할 수 있어서가 아니다. 토끼의 소유권이 아직 확정되지 않았기 때문이다. 토끼를 파는 사람은 시장 곳곳에 있지만 도둑들이 제멋대로 가져가지 못하는 것은 소유권이 이미 명확하기 때문이다. 따라서 명분을 확정하는 것(소유권의 해결)은 나라를 다스리는 기본 원칙이라는 것을 알 수 있다. 명분이 확정되지 않고 소유권이 명확하지 않으면 반드시 혼란이 일어나게 된다.[18]

사유재산이 인정되지 않는 사회에서는 '내 것과 네 것'이 분명하지 않아 정직하고 공정한 거래를 기대하기 어렵고(공유물은 거래할 수도 없다), 약탈이나 사기 행위가 만연하기 쉽다. 또한 거래가 이루어진다 하더라도 거래를 통해 얻게 되는 이익조차 온전히 '내 것'이라고 보호받기 어렵다.

그래서 사유재산이 인정되지 않는 사회에서는 개인이 자신의 재산을 보유하거나 사용할 수 있는 권한이 지켜지지 않아 자발적 거래에 의한 시장경제가 발달할 수 없고, 경제성장도 이루어질 수 없는 것이다. 공산주의가 붕괴하고 자본주의가 도입된 뒤에도 러시아의 경제성장이 여전히 저조했던 이유가 바로 여기에 있다.

과거 소련이 붕괴한 이후, 사람들은 러시아가 시장경제를 도입하여 경제적으로 크게 성장할 것이라고 전망했다. 하지만 러시아의 경제는 오래도록 부진했고, 경제학자들은 그 이유를 재산권의 부재에서 찾았다. 러시아는 오랫동안 전제정치에 의한 농노사회였고 공산국가가 된 이후에도 재산권이 인정되지 않았는데, 이러한 문화적 배경이 경제활동과 경제성장을 부진하게 만들었다는 것이다.

또 러시아는 마피아에 의한 조직범죄로 재산권이 잘 지켜지지 않는 구조적 모순을 가지고 있다. 마피아들이 '보호'라는 명목 하에 시민들의 재산을 약탈하는 이른바 '보호

범죄'가 만연하여 시민들은 경제활동에 대한 의욕을 잃을 수밖에 없고, 이 때문에 러시아에서는 경제성장 자체도 무의미한 것이 되고 만다.

재산권 인정이 경제활동의 원동력

　재산권의 유무와 경제활동의 상관관계는 조선에서 살았던 조선 사람과 연해주 지방에 살았던 조선 유민의 삶만 비교해도 극명히 드러난다. 과거 조선을 방문했던 사람들의 방문기를 보면, 조선 사람들의 게으름과 나태함이 지적되어 있어 눈길을 끈다. 백성들이 농사를 제대로 짓지 않아 잡초가 무성하고 게을러 보였다는 것이다. 근면과 성실은 우리 민족을 대표하는 고유한 성품인데 도대체 어떤 연유로 이런 평가가 나오게 된 것일까?

　조선시대에는 농토의 소유권이 모두 나라에 있었다. 그래서 백성들은 나라에 높은 소작료를 납부해야 했고, 농사를 잘 지어 수확이 많더라도 탐관오리들은 물론 동네 양반들이 몰려와서 돈이나 쌀을 꾸어가는 경우가 많았다. 그런데 말이 좋아 꾸어가는 것이지 한 번 꾸면 갚지 않는 일이 다반사였고, 요구에 응하지 않으면 도리어 곤장으로 응징하는 일도 있었다. 이처럼 농사를 잘 지어도 화를 당할 수밖에 없는 형편이다 보니, 농민들은 그저 굶지 않을 정도로만 농사를 지었던 것이다. 그래서 외국 사람들의 눈에 비친 조선 사람들의 모습이 게으르고 나태해 보였던 것이다.

반면에 당시 연해주 지방에 살았던 조선 유민들은 농사도 부지런하게 짓고, 장사도 잘하여 윤택한 삶을 살고 있었다고 한다. 조선에 살던 사람들과 연해주에 살던 유민들이 이토록 상반된 모습을 보인 이유는 무엇이었을까? 당시 연해주 지방에서는 유민들이 토지를 개간하여 많은 수확을 올리면 토지를 구입하고, 소유할 수 있는 권리가 부여되었다. 이 때문에 연해주에 살던 조선인들은 비록 타향살이를 하고 있는 형편이지만, 조선에서는 평생 꿈도 꾸지 못할 '자기 땅'을 소유할 수 있었고, 열심히 일한 만큼 많은 수확을 거둬들여 자기 땅을 더 넓혀 나갈 수 있었다. 그래서 연해주에 살던 조선 사람들이 부지런하게 농사를 짓고, 조선 사람들보다 더 윤택한 삶을 누릴 수 있었던 것이다.[19]

조선 사회처럼 재산권을 보호해 주지 않는 사회에서는

사람들이 열심히 일할 의욕을 상실하게 되고, 장기적으로 활동하려는 의지도 잃어버리기 쉽다. 결국 그런 사회에서는 경제성장이 일어나기 어렵다. 특히 국가가 재산을 소유하는 사회주의 사회에서는 보이는 재산뿐 아니라, 보이지 않는 재산 즉, 노동조차도 국가가 관리하고 통제한다. 그래서 시장 참여자들의 거래는 극도로 제한될 수밖에 없고 이때문에 경제활동의 양과 질은 물론, 다양성까지도 낮은 수준에 머물게 되는 것이다.

소유, 그 이상의 것

자유롭게 하늘을 활공하는 독수리는 멸종의 위기에 처해 있지만, 하루에도 엄청난 수가 도축되고 있는 닭은 멸종될 기미가 전혀 보이지 않는다. 왜 그럴까? 답은 의외로 간단하다. 독수리는 보살펴 줄 주인이 없는 반면, 닭은 열심히 보살피는 주인이 있다는 데 있다.

양계장 주인은 자신의 소유인 닭을 팔아 소득을 얻는다. 그래서 누가 시키지 않아도 닭을 잘 키우고 열심히 보살피게 된다. 게다가 도축되는 닭이 많아도, 양계장 주인은 도축되는 수만큼 새로운 닭을 계속해서 길러낸다. 이 때문에 닭은 절대 멸종하지 않는 것이다.[20]

경제적인 차원에서 재산권이 갖는 중요한 의미는, 자산에 대한 소유권은 물론 소유물(특정 자산)로부터 발생하는 이익 및 미래에 창출하게 될 이익까지 소유할 수 있다는 데 있다. 이로 인해 재산권의 보호가 경제적인 생산성을 높인다. 양계장 주인과 같이 재산을 소유한 사람은 소유물의 가치가 떨어지지 않도록 소유물에 대한 유지·보호·관리를 게을리하지 않기 때문이다.

재산권은 소유주로 하여금 소유물을 최대한 생산적으로 활용하게 만들어 경제성장을 촉진시키는 중요한 원동력이 되기도 한다. 붕괴되기 이전의 소련에서도 시민들이 이러한 원리를 잘 보여 준 예가 있다. 당시 농지에서 생산되는 농산물은 대부분이 국가의 소유였지만, 예외적으로 각 가정 앞의 텃밭에서 생산되는 농산물은 각자의 몫으로 가져갈 수 있었다. 한마디로 텃밭은 시민들에게 있어 실질적 의미의 유일한 사유농지였던 것이다. 비록 그 면적은 소련 전체 경지면적의 1퍼센트에 지나지 않았음에도 말이다.

그럼에도 불구하고 소련의 시민들은 그 작은 면적을 이용하여 기적과도 같은 성과를 일구어 냈다. 당시 소련의 신문 보도에 따르면, 시민들이 가진 1퍼센트의 사유 텃밭에서 생산된 농산물이 소련 전체 농산물 생산량의 4분의 1을

차지했던 것으로 나타났던 것이다.[21]

중국의 역대 지도자 가운데 가장 존경받는 인물인 덩샤오핑鄧小平도 농지의 사유화를 통해 엄청난 경제적 효과를 거두어 중국을 새롭게 재건할 수 있었다. 덩샤오핑이 집권하게 된 당시, 중국은 마오쩌둥의 계급투쟁혁명으로 혼란과 도탄의 구렁에 빠져 있었다. 덩샤오핑은 조국의 참담한 현실과 굶주림에 허덕이는 국민들을 보며 공산혁명이 남긴 쓰라린 상처에 대해 깊이 고민하지 않을 수 없었다.

그 결과 덩샤오핑은 사회주의정치체제를 유지하되, 경제적 모순을 해결하기 위해서는 시장경제체제를 도입해야 겠다고 결정하였다.[22] 그리하여 개방과 개혁 정책을 추진하게 된 덩샤오핑은 노벨경제학상 수상에 빛나는 하이에크Friedrich August von Hayek를 초청하여 자문을 구하기에 이르렀다.

하이에크가 내놓은 처방은 간단하고 분명했다. 다름 아닌 '재산권의 보호와 거래의 자유'였다. 즉, 정부가 소유했던 농지를 사유화하고 경작물의 사유화와 거래를 인정하라는 것이었다. 이를 받아들인 덩샤오핑은 3년 만에 중국을 식량 자급 국가로 성장시켰다. 덩샤오핑이 해준 것은 국민들이 알아서 먹고살라고 내버려두고, 자기가 수확한 것은 자신이 갖도록 해준 것이 전부였을 뿐이다. 이것이 농민들의 노동생산성을 향상시키고, 중국 사상 처음으로 굶주림을 해결하게 만든 것이다.

보이지 않는
재산의 보호, 특허

특허로 글로벌 기업을 탄생시킨 발명왕

많은 사람들이 에디슨Thomas Alva Edison을 '발명왕', 또는 '과학자' 정도로만 알고 있지만, 사실 그는 탁월한 사업가이기도 했다. 오늘날 제너럴일렉트릭GE, General Electric Company의 모체가 된 에디슨제너럴일렉트릭은 물론, 전기자동차 회사와 세계 최초의 무성영화극장을 설립한 장본인이 에디슨이라는 점만 보더라도 그러한 사실을 잘 알 수 있다. 또한 에디슨이 "서랍 속에 잠들어 있는 물건은 발명품이 아니다"라고 말한 것도, 발명품을 만들 때마다 항상 실용화를 고려했던 것도 그의 남다른 사업가적 기질과 마인드를 엿보게 해준다.

뿐만 아니라 에디슨이 자신의 발명에 대해 일일이 특허를 출원했던 이유도, 단순히 특허기록을 세우거나 발명왕이라는 타이틀을 얻어내기 위해서가 아니었다. 그가 특허출원한 발명품은 총 2,332건으로, 해마다 100건씩만 출원해도 20년이 넘게 걸리는 양에 해당된다. 이만 하면 특허를 출원하는 일만도 보통 번거로운 일이 아니었을 것이다. 그런데도 에디슨이 발명을 할 때마다 번번이 특허를 출원했던 이유는 무엇 때문이었을까? 에디슨은 이렇게 말했다.

"나는 발명을 하기 위해 발명을 계속한다."

이 말을 바꿔 말하면, "나는 발명을 하기 위해 특허를 계속 출원한다"라고 할 수 있다. 아무리 위대한 발명가라도 돈이 없으면 발명을 계속하지 못한다. 그렇다고 연구비를 마련하기 위해 돈벌이를 하게 되면 발명에 집중할 시간이 부족하게 된다. 그런데 에디슨은 특허 출원을 통해 1,000여 개의 특허를 따낼 수 있었고, 덕분에 돈벌이를 따로 하지 않고도 발명을 계속할 수 있었다. 결국 에디슨이 발명왕이 된 비결은, '1퍼센트의 영감과 99퍼센트의 노력' 외에도 특허를 통해 연구를 지속할 수 있는 경비를 계속 마련할 수 있었기 때문이다.

특허는 기술혁신의 도화선

아이디어나 기술, 발명, 음악이나 문예창작물 등 눈에 보이지 않는 비물질적인 재산의 권리를 인정하고 보호해 주는 것이 특허권과 저작권이다. 특허권(이하 '특허')은 특허법에 의하여 기술이나 발명 등을 독점적으로 이용할 수 있는 권리를 뜻하고, 저작권은 문학, 예술 등에 속하는 창작물에 대하여 저작자가 갖게 되는 배타적·독점적 권리를 말한다. 이 가운데 특허는 기술혁신을 촉진한다는 점에서 경제발전에 커다란 도움이 된다. 에디슨이 발명한 전구 하나가 경제발전은 물론, 인류 문명의 역사를 새롭게 펼쳤다는 사실만 보더라도 특허가 이끌어낸 기술혁신이 얼마나 대단한 위력을 발휘하는지 쉽게 엿볼 수 있다.

그런데 만약 오랜 노력과 시간과 물질을 투자하여 새로운 기술과 발명을 고안해 내도 그 혜택이 자신에게 고스란히 돌아오지 않는다면 어떤 일이 벌어지게 될까? 더 이상 새로운 기술을 고안하거나 발명하는 데 관심을 기울일 사람은 아무도 나타나지 않을 것이다. 반면에 기술과 발명에 대한 권리가 인정되고, 보호된다면 신기술을 개발하기 위해 많은 사람들이 열정과 수고를 아낌없이 쏟아 부을 것이다. 그래서 특허에는 새로운 기술을 고안하고 발명하는 것을 장려하는 기능이 있다. 에디슨이 수많은 발명품을 만들어 인류의 번영에 이바지할 수 있었던 것도 특허가 보장되었기 때문이다.

물론 특허는 독점권을 인정하는 것이어서 과도한 특허 인정은 독점을 조장하거나 미래의 혁신을 가로막을 수도 있다. 그렇다고 특허를 과소하게 인정하면 누구도 특허를 얻기 위해 투자하거나 발명에 힘을 쏟아 붓지 않을 수도 있다. 따라서 기간을 적절히 제한하는 등 특허제도를 합리적으로 운영한다면 특허권도 나쁜 독점이 되지 않는다.

더구나 특허는 특허권자의 권익만 보호할 뿐 아니라 기술의 혁신을 일으켜, 그 기술을 이용하는 수많은 개인과 기업들에게도 커다란 도움이 된다. 그런 의미에서 특허는 경제발전을 촉진하는 바람직한 제도라고 할 수 있다.

재산권 보호로
대박 터트린 나라, 영국

세상을 바꾼 거대한 혁명

산업혁명은 18세기 중엽부터 19세기 중엽에 이르는 약 100년의 기간 동안 영국을 중심으로 발생했던 기술적·조직적·경제적·사회적 변화를 지칭하는 용어다. 기술적 측면에서는 도구에서 기계로의 전환이 본격화됐고, 조직적 측면에서는 기존의 가내수공업을 대신해 공장제가 정착됐다. 경제적 측면에서는 국내 시장과 해외 식민지를 바탕으로 광범위한 자본 축적이 이루어졌고, 사회적 측면에서는 산업 자본가 계층과 임금 노동자 계층이 분명하게 구분되었다. 산업혁명을 통해 인류는 자본주의의 발전에 필요한 물적 토대를 구축하게 됐으며 농업 사회에서 공업 사회로

급속히 재편되기 시작했다.[23]

영국에서 가장 먼저 일어난 산업혁명은 '혁명'이라는 표현 그대로 영국뿐 아니라 전 세계에 걸쳐 실로 엄청난 변화를 불러일으켰다. 산업혁명기인 1780~1860년 동안 영국의 인구는 750만에서 2,313만 명으로 무려 3배 이상이 늘어났고, 부의 증가속도는 연간 1퍼센트로 괄목할 만한 수준을 자랑하였다.[24] 또 1500년에서 2001년까지 세계 총생산은 150배 증가하였고, 인구는 14배 증가하였으며, 일인당 소득은 10배 이상 증가하였다.[25]

그렇다면 이렇듯 엄청난 산업혁명이 영국에서 제일 먼저 일어나게 된 까닭은 무엇 때문이었을까? 이와 관련하여 수많은 학자들에 의해 다양한 요인들이 제기되었는데, 그중 기술혁신이 가장 커다란 요인으로 인정되고 있다. 기술혁신을 통해 종래의 가내수공업을 공장제 기계공업 시스템으로 전환시킴으로써 노동 생산력을 비약적으로 늘려 대규모 생산을 가능하게 한 것이 산업혁명의 가장 큰 특징이기 때문이다. 따라서 영국에서 기술혁신을 일으킬 수 있었던 비결이 무엇인지 살펴보면, 영국에서 산업혁명이 일어난 까닭도 함께 밝혀낼 수 있다.

영국엔 있고, 프랑스엔 없었던 산업혁명의 밑거름

일반적으로 기술혁신이라고 하면, 과학의 발전을 떠올리기 쉽다. 그런데 18세기 전후의 과학정책을 비교하면, 영국은 과학연구기관에 대해 거의 손을 대지 않은 반면 프랑스는 국가적으로 대대적인 자금을 투입할 만큼 과학 연구를 적극 지원하였다. 그런데도 영국에서 기술혁신이 먼저 일어났던 데에는, 과학의 육성과는 별도로 뭔가 특별한 이유가 따로 있었다는 사실을 짐작케 한다.

사실 산업혁명기의 과학은 아직 초보적인 수준에 불과하여 기술의 발전에 직접적인 도움을 주지 못하였다. 오히려 19세기에는 영국에서도 기술이 먼저 발전하고, 이에 자극을 받은 과학자들이 기술공들의 뒤를 좇아 연구를 시작했을 정도였다.[26] 실제로 영국의 기술혁신을 선도한 와트James Watt나 트레비식Richard Trevithick, 스티븐슨George Stephenson 등도 처음부터 연구기관에 있었던 과학자들은 아니었다. 오히려 학교에 다닌 적이 한 번도 없거나 기초 교육만 겨우 받은 기계공 출신들이었다.

그럼에도 불구하고 영국의 기계공들이 과학자들보다

앞서 기술을 발전시킬 수 있었던 이유는, 산업현장에서 기술혁신에 대한 필요성을 그들 자신이 가장 절실히 느꼈을 뿐 아니라 자신들이 가진 체험으로 기존 기술을 발전시킬 수 있었기 때문이다. 하지만 이보다 더 중요한 사실은, 영국에서는 재산권이 보호되었다는 데 있다. 명예혁명 이후 영국에서는 사법체계가 확립됨으로써 재산권이 제도적으로 보장되기 시작했는데, 이에 따라 산업재산권인 특허권이 보장되면서 기술혁신이 더욱 촉진될 수 있었던 것이다. 당시 영국의 특허 취득 건수가 18세기 중반 이후 극적으로 증가했다는 점이 이러한 사실을 입증해 주고 있다.

한편, 기술이 혁신되더라도 생산에 도입되어야 산업이 발전하는데, 그러기 위해서는 자본의 투입이 뒷받침되어야 한다. 당시 영국에서는 자유방임주의를 표방하여 각종 세금이 철폐되고, 보호무역이 쇠퇴되어 대내외적으로 시장이 확대되었다. 이로써 경제활동은 더욱 촉진되고 기업들의 경쟁적인 투자가 활발히 이루어져 기술혁신이 생산에 도입될 수 있었다. 그 결과 생산성을 증대시킨 기업들은 이윤을 얻어 저축과 투자를 지속할 수 있었고, 산업을 계속적으로 발전시키며 경제성장을 이룩할 수 있었던 것이다.

하지만 프랑스에서는 영국처럼 재산권이 확립되지 않았고, 시장에서의 자유로운 경제활동도 보장되지 않았다. 특히 교육과 산업, 무역 등 당시 프랑스 정부는 사회의 모든 분야를 통제하고 간섭하였다. 또 엄청난 세금을 거둬들여 과학 연구소를 전폭적으로 지원하였지만, 과학자들의 연구는 산업현장에 필요한 기술과는 동떨어진 경우가 대부분이었다.

게다가 프랑스에서는 기술자들이 획기적인 기술을 개발한다거나, 기업이 기술 도입을 통해 생산량을 증대시킨다 하더라도 정부에 빼앗기는 세금이 훨씬 많아 이윤을 남기기가 어려운 실정이었다. 뿐만 아니라 프랑스에서는 경제활동에 대한 규제가 심해 기업들이 성장할 수도 없고, 경제를 발전시킬 수도 없었던 것이다. 바로 이러한 차이가 프랑스가 아닌, 영국을 산업혁명의 선두주자로 이끌었던 이유다.

영국뿐 아니라 모든 선진국의 발전은 재산권 제도 확립에서 비롯된 것이라 해도 과언이 아니다. 세계 최고의 강대국으로서 오랫동안 자리매김하고 있는 미국 역시 재산권 보호가 매우 잘 되어 있는 나라이다. 날이 갈수록 중요해지고 있는 지적재산권 보호에 관해서도 미국은 다른 나라에 비해 앞서 제도를 확립해 놓았고, 이는 벤처산업의 발전을 이끄는 데에 큰 역할을 했다.

시장경제의 특징으로 크게 5가지를 꼽을 수 있는데, 재산권, 법치, 물가 안정, 개방화, 규제 완화가 이에 해당한다. 그중 재산권 보호는 시장경제의 발전에 있어서 가장 핵심적 요소이다. 역사가 증명하듯 재산권이 발달한 나라가 문명이 앞서고 세계를 이끄는 선진국이 되었으며, 현재도 확고하게 선진국으로써 자리매김하고 있는 국가들은 모두 재산권 제도가 잘 확립되어 있다.

제 3 장

선택권,
시장을 이끄는 힘

선택권이야말로 기본권 중의 기본권

소비자를 외면하면, 소비자도 외면한다

소비자의 선택이 진보를 이끈다

사회주의 체제에서는 정부가 답이지만
자본주의 시장경제에서는 소비자가 정답이다.

선택권이야말로
기본권 중의 기본권

자유의 또 다른 이름

임진왜란 당시, 바다에 이순신 장군이 있었다면 육지엔 정기룡 장군이 있어 왜구를 막아내는 데 혁혁한 공을 세웠다. 정기룡 장군은 어려서부터 말달리기와 활쏘기를 좋아했고, 아이들과 병정놀이를 할 때는 잘못한 아이에게 군령으로 벌을 내릴 만큼 남다른 비범함이 있었다.

훗날 무과에 급제한 정기룡 장군은 임진왜란이 일어나자 왜구를 상대로 백전백승百戰百勝의 전적을 올리며 조국을 지키는 데 앞장섰다. 그러나 승승장구하던 정기룡 장군에게도 뜻밖의 시련이 오고 말았다. 치열했던 진주성 싸움에서 끝내 부인을 잃게 된 것이다. 장군은 가슴이 찢어질 듯 깊은 슬픔에 빠졌지만, 선조 27년 공무를 위해 전주의 권 현감 집에 잠시 머물게 되면서 새로운 운명을 맞이하게 되었다.

권 현감에게는 미모와 덕을 겸비한 외동딸이 있었는데, 어렸을 때부터 남다른 총명함과 선견이 있어 딸에 대한 사랑이 여간하지 않았다. 그런데 딱 한 가지, 권 현감에게도 딸에 대해 심각한 고민거리가 있었다. 딸이 시집 갈 나이가 다 되어 배필을 정해 주려고만 하면, 번번이 시집을 가지 않겠다며 한사코 뜻을 꺾지 않았던 것이다.

하루는 답답한 마음을 참지 못한 권 현감이 딸을 불러놓고 시집을 가지 않는 이유가 무엇인지 진지하게 물었다. 그러자 숙연히 듣고 있던 딸은 가만히 입을 열어 또박또박 자신의 생각을 이야기했다.

"아버님, 혼사는 인륜대사 중에 대사이온데, 만약 부모님이 정해 주신 배필이 옳은 배필이 아니면 제 평생을 그르치게 될 것입니다. 그러면 부모님께도 불효가 될 터이니, 제 배필은 제가 구하도록 해주십시오."

권 현감은 공손한 말투 속에 딸의 심지가 굳게 서려 있음을 감지하고 더 이상은 혼사를 강요하지 않기로 했다. 그렇게 몇 해가 지나 어느덧 딸은 노처녀가 되었고, 그 무렵 권 현감의 집에 정기룡 장군이 찾아왔던 것이다.

권 현감의 딸은 준수한 외모에 늠름한 풍채와 총기 어린 눈빛의 정기룡 장군을 보자 마침내 자신의 배필을 찾았다며 아버지에게 혼사를 요청하였다. 권 현감도 정기룡 장군이 믿음직스러웠고, 모처럼 딸이 혼인을 결심했던 터라 딸의 요청을 받아들이기로 했다. 그러나 권 현감의 청을 들은 정기룡 장군은 선뜻 대답을 내 놓을 수 없었다. 뜻밖의 요청이기도 하거니와 자신은 이미 혼인을 하여 부인을 잃은 홀아비였기 때문이다. 하지만 권 현감은 이를 개의치 않았고, 마침내 정기룡 장군과 권 현감의 딸은 부부의 연을 맺게 되었다.

한편, 권 현감의 딸에게는 그녀만이 길들일 수 있는 명마가 있었는데, 정기룡 장군은 권 현감의 딸과 혼인을 하게 됨으로써 현명한 아내와 명마를 동시에 얻을 수 있었고, 처가의 재력을 도움 받아 왜적을 무찌르는 데 사용할 무기도 만들 수 있었다. 결국 권 현감 딸의 선택이 본인은 물론, 정기룡 장군에게도 좋은 결과를 가져다준 것이다.

하지만 권 현감의 딸이 우려했던 대로, 아버지가 선택

한 사람과 혼인을 했더라면 그녀와 정기룡 장군의 운명은 어떻게 바뀌었을까? 만약, 다른 누군가의 선택 때문에 내 인생이 잘못된다면 그보다 더 불행하고 억울한 일은 없을 것이다. 그래서 배우자뿐만이 아니라 무엇을 먹을지, 어디에 살 것인지, 어느 학교에 다니고 어떤 직장을 다니며 어느 곳으로 여행을 갈 것인지……, 사람은 누구나 행복을 추구하기 위해 자신이 원하는 것을 스스로 선택할 수 있어야 한다.

그런데 자유가 없으면 선택할 권리라는 것 자체가 주어지지 않는다. 따라서 선택은 자유의 또 다른 이름이라고 할 수 있으며, 선택권이 잘 보장되는 사회라야 자유로운 사회라고 할 수 있다.

선택권은 국민의 기본권

얼마 전, 일본에서는 국민들의 선택권을 인정한 전력 시장 개혁 법안이 국회에 통과되었다. 일본은 2011년 후쿠시마 원자력발전소 사고 이후, 원전 가동이 멈추면서 전기요금이 급격히 상승했다. 이에 큰 부담을 안게 된 국민들은 10개 전력회사가 지역별로 독점하고 있는 현행 구조를 지적하며, 전기요금을 자유롭게 선택할 수 있도록 정부의 전력시장 개혁을 강력히 요구하였다. 마침 이와 때를 같이하여 전력회사들도 전기요금에 대한 규제를 철폐해 달라고 정부에 건의하였다.

이에 따라 일본 정부는 국민들과 전력회사의 공통된 요구를 수렴하여 정부의 규제보다는 가격과 시장체제를 통한 전력산업 개혁을 전면적으로 추진하기로 결정하였다. 그 결과 정부는 전기요금을 낮추면서 지역 독점을 깨는 방향에 중점을 두어 전력산업 개혁을 단행하게 되었는데, 이번 개혁은 국민들의 선택권이 적극 반영되었다는 점에서 의의가 크다고 할 수 있다.

선택권은 정치에서 정당과 지도자를 선택할 수 있는 투표권으로 실현되며, 경제에서는 교환권과 같은 의미로 시장경제의 기본을 이룬다. 그래서 자본주의체제에서는 외부의 개입이나 통제에 의하지 않는, 시장 구성원들 간의 자유로운 선택을 중시한다. 기업에게는 어떤 자원을 이용하고 어떤 기술을 도입할 것인지, 어떤 제품을 만들고 어떤

가격에 어떤 방법으로 팔 것
인지 선택할 권리가 있다. 또
소비자에게는 자신의 돈으로
옷을 살 것인지, 식품을 살 것
인지, 아니면 영화를 보거나
음악을 감상하거나 무엇을 할 것인가에 대해 선택할 권리
가 있다. 노동자에게도 어떤 직업을 구할지, 연봉은 어느
정도로 협상할 것인지 등에 대해 선택할 권리가 있다.

그런데 만약 이러한 선택을 정부가 대신한다고 하면
어떤 일이 벌어지게 될까? 아무리 훌륭한 목적을 내건다고
하더라도, 정부가 국민의 선택권을 빼앗아 가는 것은 대부
분 이익집단에 이용되거나 정부의 권력만 키우는 데 사용
될 가능성이 크다.[27]

실제로 1929년부터 1970년대 말까지 세계는 정부의,
정부에 의한, 정부를 위한 정치의 시대가 진행되었다. 큰
정부는 지배적 힘의 실체였고, 모든 사고와 해결방식은 정
부를 통해서만 이루어졌다. 그 결과 시장은 위축되고 경제
는 극심한 침체에 빠져들었다.

이러한 시대에 개인의 자유와 경제적 자유만이 올바른

길임을 외친 목소리가 있었다. 바로 프리드리히 하이에크와 밀턴 프리드먼이다. 그 가운데 프리드먼은 그의 대표작인『선택할 자유Free to choose』를 통해 기존의 정부개입주의가 범하고 있는 잘못을 지적하고, 통제를 앞세운 정부가 왜 잘못된 결과를 가져오는지, 소비자의 선택을 제한하는 것이 얼마나 잘못된 일인지를 밝혔다. 그의 주장은 대중에게 호소력 있게 전달되었고, 결국 우리 시대 경제사의 흐름이 자유와 진보의 방향으로 전환될 수 있도록 결정적인 계기를 마련하였다. 1980년대 영국과 미국을 중심으로 추진된 공기업 민영화가 그 대표적인 예이며, 일본의 전력산업 개혁 또한 시장경제체제 안에서 국민의 선택권과 기업의 자율성을 인정하는 방향으로 추진될 수 있었던 것도 그러한 예 중 하나라고 할 수 있다.

소비자를 외면하면,
소비자도 외면한다

선택권을 존중해야 선택받는다

최근 국내 소비자들의 해외 직구(해외 온라인 쇼핑을 통한 직접 구매)가 유행처럼 크게 번져 나가고 있다. 블랙 프라이데이[28]로 대표되는 해외 세일 열기가 국내까지 전해지면서, 해외 직구가 국내 구매보다 절반가량이나 저렴하다는 사실을 국내 소비자들이 직접 경험했기 때문이다.

더구나 해외 직구를 하면 해외 브랜드뿐 아니라, 국내에서 생산되는 제품까지 국내에서 구입하는 것보다 훨씬 싸게 구입할 수 있는 경우도 있다. 해외 시장 규모가 워낙 크다 보니, 국내 생산 제품이라도 해외에서는 국내 가격보다 싸게 파는 경우가 있기 때문이다. 이 때문에 소비자들은 블랙프라이데이가 끝난 뒤에도 해외 직구에 눈을 돌리게 된 것이다.

소비자 입장에선 같은 값이라면 더 세련되고, 더 튼튼하고, 더 편리하며, 질이 더 좋은 상품을, 또 같은 조건이라면 가격이 더 저렴한 상품을 선택하는 것이 당연하다. 그래서 기업들은 경쟁력을 높이기 위해 다양한 가격, 다양한 제품, 다양한 디자인, 다양한 성능, 다양한 서비스 등 소비자의 선택을 받기 위해 끊임없이 노력한다. 국내 대형 할인마트에서 명절 대목은 물론, 각종 이벤트와 기획 상품을 내걸면서 연중 파격적인 가격 경쟁을 이어 가는 것도 소비자의 선택을 받기 위한 몸부림이라고 할 수 있다. 소비자 입장에선 물건을 싸게 구입할 수 있어 고마운 일이지만, 이렇게 할인을 많이 해서 과연 이윤이 남을까 하고 의아한 생각이 들 수도 있다. 하지만 경쟁을 통해 소비자의 선택을 받는 기업은 결국 매출 증대에 따른 규모의 경제를 실현하여 이익이라는 궁극의 보상을 얻게 되므로 손해가 되지 않는다.

반면에 소비자의 선택권을 고려하지 않고 소비자를 만족시키지 못한 기업, 소비자의 선택권을 무시한 판매 전략이나 상품, 서비스 등은 결국 소비자로부터 외면을 받게 되고 시장에서 설 자리를 잃게 된다. 이것이 바로 시장경제의 원리이다. 스마트폰의 기본 탑재 앱(애플리케이션)을 삭제 불가능하도록 설치하여 소비자의 선택권을 무시했던 국내 통신 3사들이 새로 출시되는 스마트폰에서는 대부분의 앱을 삭제 가능하도록 만들게 된 것도 결국 이러한 시장경제 원리를 무시할 수 없었기 때문이다.

교육산업에서의 선택권

교육산업에서도 소비자의 선택권을 외면하는 교육 시스템은 결국 소비자에게 외면 받도록 되어 있다. 학원에서는 눈에 불을 켜고 열심히 공부하는 학생들이 학교에서는 쿨쿨 잠만 자는 이유가 바로 여기에 있는 것이다.

인재양성이 미래 경쟁력의 핵심이라는 인식이 자리 잡은 지 오래지만, 우리 교육산업의 경쟁력은 좀처럼 개선되지 않고 있다. 그 핵심적 이유는 우리 교육방식이 교육의 질적 성장과 다양성을 요구하는 소비자 중심의 교육이 아닌, 공급자 중심의 배급형 교육이라는 데 있다.

예컨대 우리의 교육 현실에서는 학부모와 학생이 학교를 선택할 자유가 없고, 학교도 학생을 선택할 자유가 없다. 이는 곧 교육시장이 없다는 뜻으로, 시장에서 자유롭게 선택하고 그 선택의 결과에 책임을 지는 시스템이 없다는 사실을 의미한다. 이런 상황에서 학부모가 할 수 있는 일은 원하는 학교를 찾아 다른 동네나 학군으로 이사를 가는 것밖에 별 다른 방법이 없다. 그래서 강남의 학군은 학교와 무관하게 늘 인기가 있고, 사람들이 좋은 학군이라고 말하는 지역의 학교는 모두 명문학교가 된다. 학교 입장에서도 답답하기는 마찬가지다. 학교의 전통과 설립이념과는 무관하게 학생들을 할당받고, 정부가 정해 놓은 기준에 따라 교육할 수밖에 없는 형편이기 때문이다.

이 같은 현실 때문에 교육소비자들이 우리 교육을 외면하고 외국 교육을 소비하게 된 것이고, 과외교육 열기가 식지 않는 이유이다. 따라서 유학·연수교육의 수지 적자를 해소하고 과외비를 줄이기 위해서는 국내의 교육서비스 구조를 개혁할 필요가 있다.

예컨대 바우처제도[29]를 도입하여 학생과 학부모에게 학교 선택권을 돌려주는 것도 좋은 방법이 될 수 있다. 바우처제도를 시행하면 교사들은 물론, 학교도 위해 노력하게 되고 학교교육의 질도 자연히 높아지게 된다. 실제로 바우처제도가 실시된 미국에서는 성적이 부진한 학교는 폐교되고, 능력 없는 교사들은 퇴출됨에 따라 다른 학교로 보내진 학생들이 이전보다 높은 성적을 얻게 된 사례들이 많이 보고되고 있다.

이처럼 교육산업에서도 소비자의 자율적 선택권을 보장하고, 공립학교와 사립학교도 자신의 교육 목표에 부합하는 자율적 운영 방식과 학생선발권을 갖도록 보장해 주어야 한다. 이러한 노력이 선행된다면, 우리 교육의 경쟁력이 높아지고 소비자들에게 외면당하는 일도 차츰 줄어들게 될 것이다.

소비자의 선택이
진보를 이끈다

소비자의 선택이 옳다

"누가 물건을 만들고, 누가 일할 것을 결정하는가?"

사회주의와 자본주의는 이러한 물음에 대해 전혀 상반된 대답을 내놓는다. 사회주의체제에서는 정부가 정답이지만, 자본주의 시장경제에서는 소비자가 정답이다. 시장경제에서는 소비자의 선택과 결정에 따라 기업이 생산도 할 수 있고, 고용도 늘릴 수 있기 때문이다. 만약 이 결정을 장사할 사람, 시민단체, 정부, 언론이 대신한다면 소비자 주권은 침해되고 산업의 경쟁력은 뒤처지며 정치적 다툼만 늘어난다. 그래서 시장경제에서는 소비자의 소비행위에 의해 무엇을 생산할지, 누가 팔지가 결정된다. 실제로 소비자의 선택이 진보를 이끈다. 1990년대 초반, 한국 가요계의 판도가 뒤바뀌게 된 것도 서태지와 아이들을 선택한, 소비자에 의한 결정이었음을 보여준 단적인 예라고 할 수 있다.

1992년 당시, 서태지와 아이들은 그들의 공식 데뷔무대와도 같은 한 예능 프로그램에서 심사위원들로부터 역대 최저 점수를 받으며 초라한 신고식을 치렀다. 하지만 심사위원들의 혹평과는 달리 대중들은 서태지와 아이들에 열광했다. 기성 평론가들의 눈에 비친 그들의 음악과 춤과 패션은 낯설다 못해 어색하고 불편하게 느껴졌을지 모르지만, 십대들의 눈엔 혁명 전사와도 같이 신선한 충격으로 다가왔던 것이다.

결국 서태지와 아이들은 팬들의 뜨거운 호응에 힘입어 순식간에 방송 3사의 순위 프로그램을 모조리 석권하였고, 연말 시상식 때도 온갖 종류의 상을 거머쥐며 명실상부 대한민국 최고의 가수로 그 이름을 떨쳤다. 뿐만 아니라 그들의 첫 음반은 데뷔 음반 사상 최다 판매량인 180만 장의 판매고를 기록하였고, 발라드와 트로트가 중심이던 한국 가요계에 랩이 가미된 댄스 음악의 붐을 일으켰다. 서태지와 아이들의 등장으로 한국 가요계가 완전히 새로운 국면을 맞이하게 된 것이다.

이후 서태지와 아이들은 가요나 연예 프로그램은 물론, 뉴스에 이르기까지 모든 화제의 중심에 섰을 만큼 사회 전반에 커다란 반향을 일으켰고, 데뷔 당시와는 달리 그들에 대한 평가는 언제나 극찬으로 이어졌다. 이는 음반이 새로 발표될 때마다 서태지와 아이들의 음악성이 괄목상대한 발전을 거듭했기 때문이 아니라, 데뷔 때부터 가지고 있던 그들의 음악세계가 대중의 선택에 의해 검증되고 인정된 결과라고 할 수 있다. 결국 서태지와 아이들이라는 대중의 선택을 통해 한국 가요계에 놀라운 혁신이 일어났던 것이다.

소비자에게 선택받는 기업

기업도 마찬가지다. 소비자에게 선택받는 상품, 소비자에게 선택받는 기업이 정답이 되어 끝까지 살아남게 된다. 반면에 기업이 아무리 좋은 제품을 내놓아도 소비자가 선택하지 않으면 기업은 판매를 할 수 없다. 그래서 자본주의 시장경제에서는 소비자의 선택을 받기 위해 기업들은 치열하게 경쟁을 벌인다. 가격 경쟁은 물론, 품질 경쟁을 위해 새로운 생산기술을 개발하거나 서비스를 개선하는 등 다양한 노력을 기울이는 것이다. 우리 기업들이 반도체·조선·LCD 분야에서 세계적으로 높은 시장점유율을 갖게 된 것도 전 세계 소비자를 만족시키기 위해 기술을 혁신시킨 결과다.

삼성전자가 북미시장에서 최근 연평균 10퍼센트 이상의 매출 성장세를 기록하며 업계에 커다란 반향을 일으킬 수 있었던 원동력도 유통망 확보와 함께 소비자의 필요를 간파하고 이를 충족시키기 위해 적극 노력했다는 데 있다.

예컨대 삼성전자가 북미시장에 출시한 냉장고는 탄산수를 즐겨 마시는 북미 소비자들의 특성을 고려하여 정수된 물과 얼음 외에도 탄산수를 마실 수 있는 기능을 가지고 있다. 또 오븐레인지의 경우 대용량을 자랑할 뿐 아니라, 내부 공간을 둘로 나눠 각기 다른 온도와 시간 설정으로 두 가지 요리를 동시에 할 수 있는 기능이 있다. 이처럼 혁신적인 기술과 창의적인 아이디어가 돋보이는 삼성전자의 생활가전은 북미 소비자들의 취향과 맞아떨어져 소비자 만족도를 높였을 뿐 아니라, 해외 주요 평가기관들로부터도 뜨거운 호평을 이끌어냈다. 소비자의 니즈Needs를 충족시키기 위한 삼성전자의 제품개발전략과 기술혁신은, 결국 '소비자의 선택이 진보를 이끈다'는 공식을 여실히 보여준 예라고 할 수 있다.

소비자의 필요에 맞게 소비자에게 선택의 기회를 넓혀 줌으로써 독보적인 성공신화를 이룩한 기업도 있다. 바로 김치냉장고의 강자인 '딤채'를 탄생시킨 위니아만도WiniaMando가 그 주인공이다. 사실 김치냉장고를 처음 만든 기업은 위니아만도가 아니라 대우전자였다. 그러나 대우에서 김치냉장고를 출시했던 1980년대는 김치를 장독대에 담아 땅속에 보관하는 사람들이 많았다. 그래서 굳이 냉장고 외에, 김치냉장고에 관심을 갖거나 구매하는 소비자가 없었다.

하지만 위니아만도는 1990년대 중반, 수도권을 중심으로 아파트가 보편화되고 대형 할인마트가 한창 일어나기 시작한 때에 중산층 중년 주부들을 대상으로 김치냉장고를 새롭게 출시하였다. 당시 빌라나 아파트에 살았던 중

산층 주부들은 이전보다 넓은 주거공간을 갖게 되었음에도 불구하고, 김장을 담가도 마땅히 보관할 장소가 없어 어려움이 많았다. 더구나 마트에 가면 장을 한꺼번에 보게 되는 일이 많아, 냉장고만으로는 김치와 식재료를 보관할 공간이 부족하게 되었다. 바로 이러한 시기에 위니아만도가 김치냉장고 '딤채'를 출시함으로써 시장에서 커다란 호응을 일으킬 수 있었던 것이다.

이후 가전 3사도 '딤채'의 성공에 자극받아 김치냉장고 시장에 적극 뛰어들었고, 오늘날 김치냉장고는 엄청난 보급률을 자랑하며 중년 주부는 물론, 신혼부부나 독신자들에게까지 빼놓을 수 없는 '잇 아이템'으로 자리 잡게 되었다. 그리고 위니아만도의 '딤채'는 여전히 김치냉장고의 대명사로 인정받으며 건재를 과시하고 있다. 기

존에 있던 냉장고시장에 뛰어드는 대신, 소비자들의 필요에 맞게 가장 절묘한 타이밍을 찾아 틈새시장을 개척함으로써, 소비자들에게 선택의 폭을 넓혀준 결과다.

정부가 해야 할 일도 소비자의 선택권을 보호하는 것

　기업뿐 아니라 정부도 국민들의 요구와 국민들의 선택을 최상위에 놓아야 성공적인 정책을 펼칠 수 있다. 다시 말해 정부가 가장 중점적으로 해야 할 일은 국민과 소비자의 선택권을 보호해야 한다는 뜻이다. 그런데 몇 해 전, 정부는 그 반대로 소비자가 아닌 공급자를 보호하고 물건을 비싸게 팔 수 있는 독점적 지위를 보호하는 황당한 법을 만들었다. 재래시장이나 골목상권을 보호한다는 미명 하에 SSM(기업형 슈퍼마켓)을 규제하기 시작한 것이다.

　그러나 골목상권의 경쟁자는 SSM만이 아니며, 인터넷 쇼핑, 편의점 등 무수히 많은 종류가 있다. 소비자의 선택으로 누가 시장을 주도할지 예측하기도 어렵다. 이런 복잡한 경쟁 속에서 살아남아야 하는 것이 비즈니스의 세계이며, 경쟁을 통해 사회가 풍요롭게 변화되는 것이 바로 시장경제의 원리이다. 그러므로 정부가 SSM을 규제하는 것은 시장경제의 원리를 무시하고 '착한 가격(좋은 품질의 제품을 싸게 파는 것)'을 요구하는 소비자의 선택권을 강제적으로 침해하는 행위밖에 안 된다.

뿐만 아니라, 정부의 이러한 규제 정책은 결국 자유로운 소비생활과 기업의 경쟁을 가로막아 경제성장을 저해한다. 지금 우리가 쓰고 있는 형광등과 건전지가 대부분 외국의 대기업 상품들이 된 것도, 과거에 중소기업을 보호하겠다는 취지로 정부가 형광등이나 건전지 등을 중소기업의 고유 업종으로 분류하여 대기업의 참여를 금지시켰기 때문이다. 따라서 정부는 정책을 시행함에 있어 무엇보다 소비자의 선택권을 보호하는 일을 최우선에 두어야 함을 잊지 말아야 한다.

제 4 장

법치,
자유시장경제의 수호자

법은 모두에게 평등하다

시장에서 착취는 없다

경제성장은 법과 제도로부터

불평등을 해결하는 가장 이상적인 방법

부패를 줄이려면

시장친화적 정부가 답이다

국가의 과업은 오로지 생명·건강·자유·사유재산을
폭력적인 공격으로부터 보호하는 데 있다.

- 미제스, 『자유주의』-

법은 모두에게 평등하다

법치가 정의로운 이유

법치란, 사람이 아닌 '법에 의한 지배'를 원리로 하는 통치로서, 지역이나 종교, 인종, 민족과 상관없이 법에 따라 인간의 보편적인 권리를 차별 없이 보호하는 것을 원칙으로 삼는다. 그래서 법에 의한 통치가 정의롭고, '법이 곧 정의이며, 정의가 곧 법'이라는 말도 있는 것이다. 실제로 법과 관련된 영어 표현에서는 'Ministry of Justice^{법무부}', 'Court of Justice^{사법재판소}' 등 '법Law'이라는 단어 대신 '정의 Justice'라는 단어가 사용되기도 한다.

개인이 마땅히 누려야 할 자유라는 권리도 타인의 자유를 해치지 않는 범위 내에서 즉, 법치 안에서라야 정의롭게 보호되고 유지될 수 있다. 그런 의미에서 법치는 자유민주주의와 자본주의 시장경제에서 반드시 선행되어야 할 기본 조건이라고 할 수 있다.

일찍부터 민주주의를 확립시킨 영국은, "국왕이라도 신과 법 밑에 있다"는 헌정 원칙에 따라 법치가 잘 자리 잡은 나라로 유명하다. 다음의 이야기는 영국 사람들의 준법 의식이 어느 정도 수준인가를 단적으로 드러내 주고 있다.

어느 날, 영국의 수상이 타고 있는 차가 교통신호를 위반하여 교통경찰관에게 적발되었다. 경찰관이 차를 정지시키고 다가오자, 수상의 운전사가 차창을 내리고 이렇게 말했다.

"수상이 타고 계신 차요. 지금 회의시간이 늦었으니 어서 보내 주시오."

하지만 경찰관은 운전사의 말에 아랑곳하지 않았다.

"내가 알고 있는 수상 각하는 결코 법을 어기실 분이 아닙니다. 설혹 수상 각하라 하더라도 교통신호를 위반했으면 딱지를 떼야지, 예외는 있을 수 없습니다."

경찰관은 말을 끝내기가 무섭게 신호위반 스티커를 발부하였다. 차 안에 있던 수상은 순간 겸연쩍긴 했지만, 흔들림 없는 경찰관의 충직한 태도에 흐뭇한 마음이 들었다.

바로 그날, 바쁜 일정을 마친 수상은 교통경찰관을 치하하고자 런던 경시청장을 불렀다. 그리고 자초지종을 이야기한 뒤, 그 교통경찰관을 특진시켜 주라고 지시하였다. 하지만 경시청장은 수상의 지시를 단호히 거절하였다.

"교통법규를 위반한 사람에게 스티커를 발부하는 것은 교통경찰이 해야 할 마땅한 임무일 뿐, 그런 이유로 특진시킬 수 있는 조항은 없습니다."

경시청장의 말에 수상은 또 한 번 부끄러움을 느껴야 했다. 하지만 수상으로서 자존심이 상하거나 불쾌한 기분이 들기보다는 도리어 말할 수 없는 뿌듯함과 자부심을 느낄 수 있었다.

일국의 수상이라도 법을 어기는 경우에는 절대로 봐주는 일이 없는 경찰들이나, 그러한 경찰들의 태도에 괘씸해하기는커녕 오히려 감동하는 수상의 모습은 그야말로 한 편의 훈훈한 드라마 속 이야기 같다. 이 이야기는 윈스턴 처칠Winston Churchill이 영국의 수상으로 있던 당시 실제로 있었던 이야기로, 영국이 왜 모범적인 법치국가인가에 대해 충분한 답변이 되고 있다.

정의의 여신은 왜 눈을 가리고 있을까

    그리스 신화에 나오는 '정의의 여신' 디케^{Dike}는 질서와 율법의 여신인 테미스와 신들의 왕인 제우스 사이에서 태어났다. 디케는 왼손엔 저울을, 오른손엔 칼을 들고 있는 것이 특징인데 저울은 공평하고 엄정한 법의 기준을 상징하고, 칼은 법 집행의 엄격함과 강력한 권위를 상징한다.

    그런데 디케에겐 저울과 칼을 들고 있다는 점 외에도 독특한 특징이 한 가지 더 있다. 눈이 안대로 가려져 있다

는 점이다. 이는 정의의 여신이 어떠한 편견이나 사사로움 없이, 누구에게나 공평한 태도로 정의를 실현한다는 의미를 나타낸다. 그래서 정의의 여신의 이름인 '디케'는 그리스어로 '법'과 '정의'를 뜻한다. 그리스 신화의 영향을 받은 로마 신화에서는 유스티치아^{Justitia}가 정의의 여신으로 등장하는데, 이 역시 로마어

로 '정의'를 의미한다. 영어에서 '정의'를 뜻하는 'Justice'가 바로 유스티치아에서 비롯된 말이다.

정의의 여신인 '디케'의 이름으로부터 법과 정의라는 말이 유래된 것처럼, 서구문화에서 법과 정의는 서로 밀접한 관련을 가진 개념으로 인식되어 왔다. 빈부귀천貧富貴賤에 상관없이 모든 사람들에게 공평하게 적용되는 법이야말로 진정한 의미의 정의라고 할 수 있기 때문이다.

한편, 모든 사람이 법 앞에 평등하다는 말은 모든 사람이 법 앞에 동일한 권리를 보장받는다는 것을 의미한다. 따라서 법 앞에서는 누구라도 어떠한 특권이나 특혜를 받을 수 없으며, 아무리 악한 사람이라도 오직 법에 의해, 법대로만 처벌받아야 한다. 그런데 안타깝게도 법의 심판을 받아야 할 사람이 민간인에 의한 '심판'으로 목숨을 잃게 된 사건이 있었다. 1996년 10월 23일, 백범 김구 선생을 암살한 안두희가 평소에 백범 선생을 존경하던 한 시민에 의해 피살되고 만 것이다.

이 일을 놓고 한쪽에서는 백범 암살을 둘러싼 전모가 미궁에 빠졌다며 아쉬운 목소리를 내기도 하였지만, 다른 편에서는 안두희를 죽인 살인범을 의사로 추앙하자는 주장이 제기되기도 하였다. 특히 많은 시민들이 안두희를 죽인 사람에 대해 긍정적인 평가를 보였는데, 이 같은 반응은 사실 바람직한 반응이라고 할 수 없다. 그만큼 우리 사회가 아직까지 '법치'의 중요성을 강하게 인식하지 못하고 있다는 의미이기 때문이다.

만일 법이라는 원칙을 배제하고 어떤 기관이나 단체, 혹은 개인이 다수결이라는 명분을 앞세워 폭력을 휘두르거나 압제를 벌이는 일이 정당화된다면 사회적 약자나 소수의 권리는 무참히 짓밟힐 수 있고, 사회는 걷잡을 수 없는 혼란에 빠져들기 쉽다. 따라서 모든 사람의 자유와 권리가 보장되는 사회를 만들기 위해서는 원칙이 존중되고, 법에 의한 지배가 지켜져야 한다.

자본주의 시장경제가 정치와 여론에 휘둘리지 않고, 안정적인 경제활동을 보장하며 믿을 수 있는 거래를 이룰 수 있는 것도 법치를 기반으로 움직이기 때문이다. 이것이 바로 자본주의가 정의로운 이유다.

시장에서 착취는 없다

자발적 거래와 착취의 차이

자본주의 시스템이 노동 착취를 불러일으킨다는 주장은 반자본주의자들이 입버릇처럼 말하는 비난 중 하나이다. 과연 그들의 주장대로 자본주의 시장경제가 노동 착취를 야기하는 시스템일까? 노동 착취로 여겨졌던 몇 가지 대표적인 사례를 한번 살펴보자.

한때 소속 가수와 소속사 간의 계약 분쟁이 사회적으로 커다란 이슈가 되었던 적이 있다. 전속 기간 및 수익 배분과 관련하여 소속사가 소속 가수를 과도하게 착취한다는 이른바 '노예계약'을 둘러싼 문제였다. 그러나 자본주의 사회에서 이루어지는 모든 계약은 강제로 이루어지는 것이 아니라, 상호 합의 하에 자발적으로 이루어지는 것이므로 엄밀한 의미에서 일방적인 착취란 이루어질 수 없다.

물론, 계약 조건으로 지나친 요구사항을 내놓는 악덕 기획사도 간혹 있긴 하지만 계약이 성립되는 것 자체는 일방적인 착취라고 할 수 없다. 당장 가수가 되고 싶다는 욕망 때문에 불리한 조건이라도 개의치 않고 계약에 동의한 지망생에게도 문제가 있기 때문이다. 따라서 계약 전에 당사자가 계약 내용을 꼼꼼히 검토하고 계약에 대한 동의 및 거부 의사를 확실히 결정한다면 노예계약이 발생할 이유가 전혀 없다.

또 가수와 소속사의 계약 문제는 일반적인 고용관계와는 다른 시각에서 이해할 필요가 있다. 국내에서 기획사가 가수를 키우기 위해서는 엄청난 비용과 어마어마한 시간을 투자해야 하기 때문에 기획사가 짊어지는 경제적 부담은 실로 막대하다. 더구나 투자를 많이 한 가수라고 반드시 뜬다는 보장도 없다. 그래서 연습생 가운데 스타가 탄생하지 않으면 기획사는 더 이상 새로운 가수를 길러내지 못하고, 빚더미에 앉아 문을 닫아야 한다. 연습생들도 이러한 시스템을 잘 알고 있기 때문에 계약기간이나 수익 배분 문제가 다소 불리한 조건이라도 계약에 동의하는 것이다. 따라서 가수와 소속사 간의 계약 관계에 대해서는, 일은 가수가 다 하는데 소속사는 가만히 앉아서 엄청난 돈을 착취하는 것으로 오해하면 안 된다.

또 글로벌 기업들이 가난한 나라 사람들을 저임금으로 착취한다고 비난하는 일이 많다. 그러나 이 경우에도 글로벌 기업들이 가난한 나라 사람들을 붙잡아다가 억지로 일을 시키는 것이 아닌 이상, 근로자들에게 저임금을 주는 것이 착취에 해당한다고 볼 수는 없다.

잘사는 나라의 근로자들에겐 터무니없이 적은 임금으로 보일지 몰라도, 가난한 나라의 근로자들에겐 다른 일을 해서 버는 것보다 그것이 더 크고 안정적인 수입원이고, 그런 이유로 그들 스스로 선택한 것이기 때문이다. 가난한 나라 사람들의 임금을 잘사는 나라 사람들의 임금과 비교하여 노동 착취라고 하는 것은 나라마다의 경제사회적 상황을 고려하지 않은 단순한 시각에 지나지 않는다.

계약은 약속을 지켜주는 안전장치

요컨대 자본주의 시장경제에서는 누구나 재산에 대한 주권을 행사할 수 있기 때문에 기본적으로 자신에게 이익이 되는 경우에만 거래에 참여하며, 이 거래는 거래 주체들 간에 서로 만족할 수 있는 조건에서 '계약'이라는 법 제도를 통해 보호된다. 그리고 계약이 이행되지 않으면 어떠한 경제적 행위도 이루어질 수 없기 때문에 일방적인 강요나 착취가 발생할 수 없다. 그래서 자본주의가 정의롭다고 할 수 있는 것이다. 더구나 자유시장에서는 노동의 가격이 수요와 공급에 의해 결정되기 때문에 일방적인 착취가 더더욱 불가능하다. 반면 계약서를 쓰지 않는 경우에는 부당한 일이 발생할 수 있어, 거래행위를 보호하기 위해서는 계약서를 반드시 써야 한다.

또한 계약은 법치 아래에서 약속한 것에 대해 반드시 지켜지도록 하는 효력이 있다는 점에서 쌍방 간에 신뢰와 평화를 주는 기능도 있다. 미국 연예인들 사이에 혼전계약이 유행하는 것도 이러한 이유에서 이해할 수 있다. 최근 독일 출신의 세계적인 슈퍼모델인 하이디 클룸Heidi Klum도

연인에게 자신의 돈을 건드리지 않겠다는 조건의 혼전계약서를 요구했다.

하이디 클룸은 재산이 워낙 많은 데다 쓰라린 이혼 경험까지 있었기에 만일의 경우를 대비하여 금전적인 문제를 깨끗이 예방해 두고자 했던 것이다. 연인 입장에서는 결혼 조건이라고 하기엔 다소 서운하게 느껴질 수 있는 사항이지만, 하이디 클룸을 진심으로 사랑한다면 문제될 이유가 전혀 없을 것이다. 또 하이디 클룸에게 자신의 진실한 사랑을 증명하는 데는 더더욱 좋은 방법이 될 수도 있다.

게다가 견물생심見物生心이라는 말대로 처음엔 사랑으로 시작한 관계라도 돈 때문에 두 사람 사이가 벌어져 이혼하게 되는 일을 방지할 수도 있고, 정말로 이혼을 하게 되더라도 하이디 클룸이나 주변 사람들로부터 남편이 돈 때문에 이혼을 요구한다는 오해는 받지 않을 수 있다. 그런 점에서 두 사람의 혼전계약은 서로의 사랑을 의심하는 행위라기보다, 오히려 서로의 사랑을 확증하고 서로를 더 신뢰하며 두 사람의 관계를 평화롭게 만드는 장치가 될 수 있다.

경제성장은
법과 제도로부터

법과 제도도 경쟁한다

여건만 된다면 사람들은 누구나 경쟁력 있는 좋은 법과 제도를 찾아 주거지를 옮긴다. 이에 따라 '발로 하는 투표Vote By Feet[30]' 현상이 생기면서 사회, 정치적으로 지자체나 국가 간에 법과 제도의 경쟁이 일어나게 되었다. 미국에서 연방마다 법과 제도가 다르고, 한 나라에서 다른 나라의 법이나 제도를 벤치마킹하는 것도 바로 그러한 예에 해당된다.

경제도 마찬가지다. 경제활동을 하기에 보다 유리한 법과 제도가 있는 사회에 기업이 몰리고, 경제성장이 잘 이루어진다. 1960년대만 해도 베네수엘라의 1인당 국민소득은 일본보다 30퍼센트가량 더 높았다. 그러나 1990년대로 접어들면서 상황은 완전히 뒤바뀌게 되었다. 베네수엘라의 국민소득은 물가상승률을 감안하더라도 30년 전에 비해 크게 달라진 것이 없었지만, 일본의 경우 1인당 국민소득이 5배 넘게 증가하여 베네수엘라보다 3배 이상이나 높은 것으로 나타났다. 이 같은 역전 현상이 벌어진 이유는 무엇 때문일까? 그 원인은 다름 아닌, 경제체제에 있었다.

일본은 기업활동과 수출입에 대한 규제가 거의 없고, 세금도 낮아 기업이 자유롭게 활동할 수 있는 시장을 갖추었다. 반면에 베네수엘라는 가격 규제를 비롯한 온갖 규제와 높은 세금으로 인해 기업이 경제활동을 하는 데 제약이 많았다. 그래서 경제성장을 이루는 데 어려움이 컸던 것이다.

한편, 인구가 1,000만 명 수준에 불과한 스웨덴의 경우, 자유로운 시장경제의 시기에는 많은 글로벌 기업이 등장했다. 자동차회사인 볼보Volvo, 전자회사인 에릭슨Ericsson, 자동차회사 사브SAAB, 가전업체인 일렉트로룩스Electrolux, 트럭회사인 스카니아Scania 등이다. 하지만 사회주의 정권이 들어선 이후로는 더 이상 새로운 대기업이 나오지 않는 구조로 바뀌었다.

그런데 스웨덴과 반대로 사회주의체제에서 자본주의체제로 바뀐 나라라도 경제성장을 이루지 못한 경우가 있다. 1990년대 초, 공산국가였던 소련은 러시아라는 자본주의 국가로 새롭게 태어났다. 그래서 법과 규칙도 자본주의체제로 바뀌었는데, 시장경제는 잘 작동하지 않았다. 사람들의 반응은 당연히 의아할 수밖에 없었는데, 문제는 제도의 범위에 있었다. 경제체제가 바뀌고 법 제도가 바뀌어도 그 사회가 갖고 있는 도덕적 규범이나 법 집행능력, 그리고 사회 질서가 하루아침에 개선되는 것은 아니라는 이야기다. '법 따로 현실 따로'라면 사람들은 약속을 뒤집고 규칙을 지키지 않는 유인을 갖게 되기 때문이다.

네거티브 방식의 법제도가 창조적 경제성장을 일으킨다

법과 제도를 크게 두 가지로 나누면 네거티브 방식과 포지티브 방식으로 나눌 수 있다. 네거티브 방식이란 살인·강도·절도 등 하지 말아야 할 행동들을 법률로 적시하

고, 법에서 정한 불법적인 행위를 제외한 모든 행위를 허용하는 방식을 말한다. 반면에 포지티브 방식은 법률로 이런 저런 행위를 허용한다고 자세히 서술하고, 법률에 허용되지 않은 건 모두 불법으로 간주하는 방식이다.

네거티브체제에서는 새로운 비즈니스 방식을 얼마든지 자유롭게 전개해 나갈 수 있지만, 포지티브체제에서는 새로운 비즈니스 방식이 법적으로 허용돼 있지 않은 경우가 허다하다. 그래서 기업들은 네거티브 방식의 법과 제도가 있는 나라를 찾게 되고, 기업을 유치하고 싶은 나라들은 네거티브 방식의 법과 제도를 도입하며 법과 제도의 경쟁을 펼치기도 한다. 셰이크 모하메드Sheikh Mohamed[31] 두바이 국왕도 네거티브 방식의 법과 제도를 적극적으로 시행함으로써 사막의 작은 나라에 불과했던 두바이를 세계적인 '비즈니스 천국'으로 거듭나게 하였다.

두바이는 경제성장의 기본 요소인 생산요소(노동, 자본, 기술 등)가 제대로 갖추어지지 않은 나라였다. 물론 중동의 다른 나라들처럼 석유가 생산되긴 했지만, 미래를 낙관해도 될 만큼 충분히 많은 양은 아니었다. 이러한 현실을 누구보다 잘 파악하고 있었던 셰이크 모하메드는 왕세자

였던 시절부터 두바이의 경제성장을 위해 혁신적인 변화를 주도하기 시작하였다. 그 변화의 핵심은 바로 해외자본과 기업유치를 통해 자원이 국내에 도입될 수 있도록 제도와 정책을 새롭게 정비하는 것이었다.

셰이크 모하메드는 먼저 17개에 달하는 자유경제구역을 만들어 법인세와 수출입 관세, 개인 소득세 등 각종 세금을 면제시켰다. 또한 각종 금융 규제를 철폐하며 외한거래를 자유화시키고, 단 2시간 만에 외국계 은행에 등록증을 내주는 효율적인 원스톱 행정시스템을 도입하였다. 뿐만 아니라, 노동력 확보를 위해 해외 인력 유치에 필요한 제도를 만들고, 기술 문제를 해결하기 위해 첨단 기술 분야의 글로벌 전문가들을 국내에 불러들였다.

이렇게 해서 두바이는 외국의 기업과 자본이 들어오지 않고는 못 배길 정도의 매력적인 유인을 구축하게 되었고, 여기에 더해진 셰이크 모하메드의 창조적인 아이디어는 외국 자본과 기술의 투자를 더욱 부추

기는 역할을 하였다. 그 결과 두바이는 7,000여 개의 글로벌 기업과 60억 달러의 외자를 유치하는 데 성공하였고,[32] 순식간에 세계 비즈니스의 중심 국가이자 지상 낙원으로 격상되었다. 세계 최고층 빌딩과 세계 최고급 호텔, 환상적인 인공 섬, 사막의 한가운데 자리 잡은 스키장, 서울시의 절반에 해당되는 면적의 대규모 테마파크, 세계 최대의 무관세 자유무역 지대 등 두바이는 이제 '상상이 현실이 되는 나라'가 되어 이집트에 이은 중동 최고의 관광 메카로 성장하게 된 것이다.

세간에서는 두바이의 비약적인 발전을 가리켜 '세계 8대 불가사의'라고 평하기도 하며, 세계 각국의 기업과 정치가들은 두바이를 벤치마킹하고 셰이크 모하메드의 리더십을 본받기 위해 앞 다퉈 경쟁하게 되었다. 이처럼 법과 제도의 개선으로 이루어지는 국가 경쟁력은 기업의 활동을 장려하여 보다 효율적인 경제성장을 이끄는 견인차 역할을 해준다.

불평등을 해결하는
가장 이상적인 방법

평등을 가장한 불평등

영국의 소설가 토마스 모어Thomas More는 자본주의의 초기 단계에 있었던 가난한 대중과 소수의 부유층 대조적인 삶을 통해 사회의 구조적 모순을 인식하게 되었다. 그리하여 모든 사람이 일하되 사유재산이 없는, 즉 가난한 사람도 없고 부자도 없는 공산주의적 경제체제의 이상 국가를 소설로 탄생시켰다. 그것이 바로 공상 사회 소설인 『유토피아Utopia』이다. '이상향', '이상적인 사회'를 상징하는 유토피아는 독자적인 계보를 형성할 만큼 유럽 문학은 물론 사상사에 이르기까지 커다란 반향을 일으켰다.

그런데 토마스 모어가 그려낸 유토피아가 현실 사회에

서도 과연 구현될 수 있는 사회일까? 유토피아는 그리스어로 'ou-없는'와 'toppos장소'를 결합한 용어로서, 원래의 뜻은 '어디에도 없는 장소Nowhere'를 의미한다. 한마디로 말해 유토피아는 현실에는 존재하지 않는, 또 존재할 수도 없는 곳이라는 얘기다. 그러기에 유토피아는 단지 공상 속에서만 가능한 '이상향'인 것이다.

하지만 사회주의 국가에서는 실현 불가능한 유토피아적 이상사회를 꿈꾸며 '평등'이라는 명목 하에 우리 상식으로는 도저히 이해할 수 없는 일들을 시행하고 있다. 예를 들어 쿠바에서는 직종 간에 임금 격차가 거의 없고, 식당 웨이터나 관광업 종사자들이 의사보다 월급을 더 많이 받는다. 이유는 팁 때문이다. 또 쿠바에서는 대부분의 국민들이 공무원으로 일하는데, 평균 임금은 25달러 정도로[33] 우리나라 돈으로 환산하면 30만 원도 채 안 된다.

더구나 엄청난 몸값을 요구할 수 있는, 소위 잘나가는 스포츠 스타라고 하더라도 쿠바에서는 예외 없이 '평등한 대우'를 받는다. 한때 올림픽에서 육상과 복싱 하면 쿠바를 연상하게 될 정도로, 육상과 복싱 부분에서 세계적인 우위를 차지했던 나라가 바로 쿠바다. 그런데 언제부터인가 쿠바는 국제 경기에서 예전만큼 명성을 떨치지 못하고 있다. 세계적인 기량을 가지고도 합당한 대우를 받지 못하는 쿠바 선수들이 조국을 떠나 다른 나라로 망명하는 경우가 비일비재해졌기 때문이다.

쿠바에서는 육상선수뿐 아니라, 다른 종목의 선수들도 사정은 매한가지다. '쿠바 특급', '쿠바폭격기' 등으로 불리며 한국 배구 팬들이라면 모르는 사람이 없을 만큼 최고의 실력을 인정받고 있는 프로 용병 스타 레오Leonardo Leyva Martinez도, 쿠바에서는 그저 가난한 운동선수 중 한 명일 뿐이었다. 물론 쿠바에 있을 당시에도 레오는 청소년 대표팀에 이어 성인 대표팀에 소속될 만큼 뛰어난 실력을 인정받은 엘리트 선수였다. 그러나 쿠바에서 레오가 받은 월급은 고작 10달러로, 아무리 노력해도 평생 동안 가난을 벗어날 수 없는 수준이었다.

결국 레오는 가족을 위해 2009년, 푸에르토리코로 망명을 결심하였다. 하지만 2년 동안은 선수 자격을 정지당해 힘겨운 시간을 보내야 했다. 그리고 2년 뒤, 마침내 선수 생활을 하게 된 레오는 자신이 속한 팀을 우승으로 이끌어 MVP(최우수선수)에 오르기도 하였다.

이후 러시아를 거쳐 한국에 오게 된 레오는 삼성화재에 소속되어 팀 공격의 70퍼센트를 책임지는 주공격수가 되었다. 그리고 압도적인 경기력을 펼치며 챔피언결정전과 정규 리그에서 MVP에 오르는 기염을 토해 내며 명실공히 최고의 프로 배구선수로 자리매김하였다. 뿐만 아니라, 레오는 현재 고향에 계시던 어머니를 모시고 한국에서 단란한 가정을 꾸리며 그 어느 때보다 행복한 나날을 보내고 있다.[34] '평등'이란 명분으로 이상 사회를 만들려는 쿠바에서보다 훨씬 더 이상적인 삶을 누리면서.

가장 이상적인 평등

쿠바처럼 개인의 능력이나 직종과 상관없이, 모든 사람들이 비슷한 수준의 월급을 받는 사회가 과연 평등한 사회라고 할 수 있을까? 반자유주의자들, 혹은 자본주의를 비판하는 사람들은 자본주의는 부자들에게만 유리한 경제 시스템이고 법을 어겨야 잘살 수 있는 체제라고 말한다. 또 자유보다는 평등을 중시하며, 법 앞의 평등보다 경제적 평등이 진정한 평등이라고 주장한다. 하지만 자본주의 사회에서는 누구에게도 법적인 특권이 주어지지 않기 때문에 누구나 부자가 될 수 있고, 성공할 기회가 주어진다. 그래서 법을 잘 지키는 사람이 잘사는 게 정상이다.

오히려 사회주의체제에서 볼 수 있듯, 경제적 평등으로서 결과의 평등에 의한 소득 분배는 능력 있는 사람들을 역차별하는 결과만 초래하고, 국민을 복지배급시스템에 가두어 약아빠진 무능력자로 만들기 쉽다. 또한 결과의 평등은 정부가 개인의 자유를 축소시키는 방향으로 흘러가기 쉽다.

반면에 자본주의체제에서는 평등이라는 사회 정의를 실현하기 위해 결과의 평등보다는 법치를 통한 기회의 평등이 제공되어 개인의 자유와 권리를 실현하는 데 도움이 된다. 하지만 기회의 평등이라도 자칫 잘못 적용되면 또 다른 역차별을 불러일으킬 수 있다.

예컨대 대학이 입시 경쟁에서 사회적 약자들(다문화가정 자녀라든가 여성, 저소득 계층, 농어촌 학생 등)을 우선적으로 선발하는 제도를 도입할 경우, 사회적 불평등을 해소한다는 본래의 취지와는 달리 우선 선발 대상자보다 좋은 성적을 받고도 대학에 입학하지 못하는 학생이 발생할 수 있어 또 다른 불평등을 야기할 수 있다. 또 우선 선발 대상자의 경우, 좋은 성적으로 당당히 합격의 영광을 안게 된 학생이라도 주위 사람들에겐 실력을 인정받기보다 제도의 수혜자라는 편견을 받게 되어 자부심을 잃고, 소외감을 느낄 수도 있다.

취업 경쟁에서도 마찬가지다. 청년 실업자를 보호한다는 취지에서 실시된 공공기관의 청년 고용할당제는 가장 왕성하게 직장생활을 해야 할 30대 취업 준비자들에게 또 다른 역차별을 일으키고 있다. 지방대 육성이라는 명분 아래 추진된 공직 채용 시 적용되는 지방대 채용할당제도 수도권 대학 졸업자들에게 또 다른 역차별을 일으키고 있다.

따라서 바람직한 기회의 평등을 실현하기 위해서는 무조건적인 기회 보장보다는 일정한 조건이나, 규칙 안에서의 기회 보장이 되도록 범위와 기준을 확정하고 엄격하게 적용할 필요가 있다. 그래야 법의 보호 속에서 불평등을 최소화할 수 있다.

부패를 줄이려면

인치보다 법치가 깨끗하다

중국 도가道家철학의 시조인 노자老子는, 인간의 행위가 인위적이거나 작위적인 정치, 혹은 문화 체계에 의해 다스려지면 욕망의 흐름을 따라 특정한 방향으로 치우치거나 불균형을 초래하면서 억압과 갈등을 야기한다고 보았다. 그래서 다음과 같이 사회의 운영이 자연처럼 인간의 자율성에 따라 저절로 이루어지는 무위無爲정치를 좋은 정치라고 주장하였다.

"무릇 천하에 금기가 많으면 백성은 더욱 가난해지고, 백성에게 좋은 물건이 많으면 나라는 더욱 혼란해지며, 사람들이 아는 게 많으면 이상한 물건도 많아지고, 법령이 복잡해지면 도적은 더 많아진다. 이 때문에 성인의 말씀에 이르기를 내가 무위하니 백성은 스스로 교화되고, 내가 고요함을 좋아하니 백성은 스스로 올바르게 되며, 나에게 일삼는 것이 없으니 백성은 스스로 부유해지고, 내가 아무것도 욕망하지 않고자 하니, 백성은 스스로 소박해진다고 하였다."[35]

노자의 무위정치는 아무 것도 하지 않고 무조건 가만히 내버려두라는 말이 아니라, 최소한의 기본적인 지침을 제외하고 나머지는 인간의 자연스러운 본성에 맡기라는 것을 의미한다. 이는 불문율이나 금기사항을 제외한 모든 것이 허용되는 영미계 대륙국가나 해양국가의 네거티브 법률 시스템과 유사한 관점으로, 인치人治주의와는 대조적인 특징을 보인다.

인치주의는 사람을 통한 지배로서, 지도자 한 사람 한 사람의 자의적 판단이나 도덕성에 기대어 사회를 유지하는 규범이다. 단어 자체로만 주는 느낌은 왠지 인간적이고 관용적이고 자연스러울 것 같은 인식을 준다. 그래서 인치국가가 법치국가보다 더 청렴하고, 더 살기 좋은 나라일 것 같은 선입견도 줄 수 있다. 하지만 실제로는 법치보다 인치가 강하게 적용되는 나라에서 부정부패가 더 심하게 나타난다. 한마디로 리더 리스크가 존재한다. 인치국가에는 자애롭고 뛰어난 리더가 있을 수 있지만 독재적인 통치자가 나올 수도 있다. 인치는 원칙이 아닌, 지배자의 이익이나 편의, 상황, 사적인 감정 등에 따라 지극히 독단적이고 독선적인 통치가 될 수 있기 때문이다. 그래서 법치사회보다 인치사회에서 부정부패가 많이 발생하는 것이다.

진나라의 법가인 상앙도 군주가 법에 기준하지 않고 개인의 지식과 능력으로 관료를 임용하면 사람들이 군주의 심중心中을 살펴서 아첨하게 되고, 그 결과 관청에는 상도가 없어지며 나라가 혼란해진다며 인치의 폐단을 지적하였다.[36] 그래서 상앙은 임용 과정에서도 법에 의한 법치가 아닌, 군주에 의한 인치가 이루어지는 것을 반대하였다.

규제가 심할수록 부패도 심하다

공공의 이익과 사회 안정이라는 명분으로 정부의 개입이나 규제가 강한 나라도 부정부패가 심하게 나타난다. 지

국제투명성기구가 발표한 〈부패인식지수〉[37]

나친 규제는 불법 거래, 불법 파업, 뇌물 등의 규제 회피 행동을 야기할 뿐 아니라, 개인의 자유를 억압하여 폭동이나 약탈 등의 부작용을 불러일으키기 때문이다. 그래서 세계적으로도 부패가 심각하기로 손꼽히는 나라들은 하나같이 정부의 규제와 통제가 강하고 인권 탄압이 심하다는 공통점이 있다. 소말리아, 북한, 아프가니스탄, 수단, 미얀마, 우즈베키스탄, 투르크메니스탄, 이라크, 베네수엘라, 아이티가 바로 그러한 나라에 해당된다.[38]

공산주의 정권으로 오랫동안 정부의 통제가 심했던 중국도 뇌물거래나 횡령, 공갈협박, 밀매, 연고주의 등 사회에 만연한 부정부패가 상상을 초월할 정도이다. 예를 들어, 중국 당국에서 조사한 바에 따르면 중국 각지의 무기고에 있어야 할 각종 군수장비가 장부의 수치와 현저히 달랐을 뿐 아니라, 대량의 탱크와 장갑차가 산산이 분해되어 밀매된 사실이 밝혀지기도 했다.[39]

또 볼리비아나 조지아, 짐바브웨에서는 지하경제가 국내총생산의 60퍼센트를 차지하며, 전 세계의 잠재적인 세입 가운데 세금 포탈逋脫로 빠져나가는 비율은 25퍼센트에 이른다.[40] 국제투명성기구가 177개국을 대상으로 조사하여 발표한 〈부패인식지수〉(공무원과 정치인 사이에 부패가 어느 정도로 존재하는지에 대한 인식의 정도)에 따르면, 50점 이상(100점에 가까울수록 깨끗함)을 차지한 국가가 30퍼센트도 채 안 되는 것으로 나타났다.

물론 부패가 전혀 없는 나라는 세상에서 단 한 나라도 없을 것이다. 그러나 부패가 어느 사회에나 있다고 해서, 부패에 대한 인식이 무감각해져서는 안 된다. 부패는 정부를 약화시키고 국민의 신뢰를 잃게 할 뿐 아니라, 대외적인 국가신용도도 크게 떨어뜨려 경제성장을 해치고 국가의 존망마저 크게 뒤흔들 수 있기 때문이다. 하지만 부패를

척결하겠다고 정부 개입을 더 강화한다거나 더 큰 통제와 규제를 앞세워서는 안 된다. 가둬 놓은 물보다 흐르는 물이 깨끗하듯, 규제보다는 법치 안에서 개인의 자유와 권리가 지켜지도록 힘써야 한다. 국제투명성기구가 발표한 〈부패인식지수〉에서 높은 점수를 차지한 국가들이 법치 아래 자유시장경제가 잘 발달한 나라들이라는 사실은 우연한 공통점이 아님을 주시해야 한다.

　대한민국 역시 성공한 국가지만 여전히 부정부패 문제에서 자유롭지 못하다. 이를 해소하기 위해서는 규제를 완화하고 자유와 권리를 중요시하는 국가로 거듭나야 할 것이다. 부정부패를 막기 위해서 정부가 적극 개입하여 규제를 강화하는 것은 당장 눈앞에 있는 나무만 보고 숲을 보지 못하는 것이다. 〈부패인식지수〉에서 증명했듯이 대한민국도 규제완화를 통해 더 깨끗한 나라가 될 수 있을 것이다.

시장친화적 정부가
답이다

아프리카에 해적이 들끓는 이유

아프리카 해안에는 영화에나 나올 법한 해적들이 오늘날에도 기승을 부리며 외국 선박들을 위협하고 있다. 특히 소말리아 인근의 아덴만을 비롯한 동아프리카 해역은 해적이 자주 출몰하는 지역으로 유명하다. 이 지역은 해상교통의 요충지일 뿐 아니라, 해당 국가들의 해안 치안력이 약하기 때문이다. 특히 소말리아는 대표적인 치안부재 국가로, 동아프리카 해적들 가운데 소말리아의 해적들이 가장 극심한 활동을 부리는 이유가 되고 있다.

사실 소말리아는 치안력뿐 아니라 정치·경제 전반이 통제 불가능한 상태로 혼란에 빠져 있는 나라다. 오랜 내전으로 인해 사실상 무정부 상태가 되면서, 경제도 완전히 붕괴된 것이다. 이로 인해 극심한 인플레이션이 발생하고 실업률도 극에 달하면서 소말리아 국민들은 극심한 생활고에 시달리게 되었다. 게다가 가뭄까지 겹쳐 농업기반도 무너지고, 소말리아의 무정부 상태를 틈탄 외국 어선들의 싹쓸이 조업은 어장마저 황폐화시키고 말았다. 이러한 상황에서 생계를 해결해야 했던 소말리아 국민들은 결국 너나 할 것 없이 해적질을 선택하게 된 것이다.[41]

그런데 해적들의 수입이 생각보다 쏠쏠해지면서 군벌들과 외국의 사업가들까지 해적활동에 적극 가담하게 되었다. 이에 따라 점차 전문성을 갖추게 된 해적들은 선박 승선이나 납치, 교전은 물론 인질 폭행과 살해 등 더욱 대담하고 흉포한 형태로 그 활동을 넓혀 나가게 되었다. 다행히 최근에는 주요 해운국들의 해적 소탕작전으로 소말리아를 비롯한 아덴만 인근의 동아프리카 해적활동이 많이 감소하는 추세에 있다. 그러나 서아프리카 해역에서는 여전히 해적활동이 일어나고 있어 국제사회의 심각한 문제가 되고 있다.

소말리아 같은 무정부사회나 무법사회에서는 국민의

안전과 권리를 지킬 수 있는 방법이 없다. 그래서 약탈과 폭력이 만연할 수밖에 없고, 분명한 도적임에도 불구하고 임꺽정이나 로빈 후드 같은 인물들이 '의적'이라 불리며 영웅으로 칭송받기도 하는 것이다. 따라서 국민의 안전과 권리를 정당하게 보호하기 위해서는 공권력의 위엄과 법의 엄중함이 철저히 지켜지는 법치사회가 만들어져야 한다.

하지만 공권력이 무분별하게 동원되거나, 사사건건 엄격한 잣대로 규제를 남용하는 통제사회는 바람직한 법치사회라고 할 수 없다. 개인의 자유와 사유재산을 우선적으로 보호하는 사회, 즉 자본주의 시장경제 원리에 부합하는 친시장적인 법과 제도를 가진 사회라야 진정한 의미의 법치사회라고 할 수 있다.

친시장적으로 움직이는 사회가 진정한 법치사회다

세계 어느 나라에서나 경기 불황이 닥치면 정부가 시장에 적극적으로 개입하려는 경향이 나타난다. 눈에 보이는 단기적인 처방을 내놓아야 국민들로부터 지지를 받을 수 있다고 생각하기 때문이다. 그러나 애덤 스미스는 정부의 역할을 야경국가에서 찾았다. 치안과 국방을 책임지고 나머지는 민간에게 맡기라는 뜻이다. 정부가 그 본질적인 역할에 충실하다면 국가는 활력을 유지할 수 있다. 정부에 권력을 집중시켜 온 나라들이 역사 속에서 밀려나거나 고배를 면치 못한 반면, 작은 정부를 지향한 국가들이 경제성장을 주도해 온 사실이 이러한 원리를 입증해 준다.

그러므로 기업활동이 활발하게 일어나고, 경제성장이 잘 이루어지게 하기 위해서는 작지만 효율적인 정부, 곧 친시장정부가 필요하다. 친시장정부란, 시장 확대와 자유로운 거래 보장 등 자본주의 시장경제 원리에 부합하는 법과 제도를 가진 시장친화적인 정부로서, 규칙이 없는 무정부와는 의미가 다르다. 우리나라는 시장친화적인 개방정책을 통해 세계에서 유례를 찾기 어려울 정도로 산업화에 빠르게 성공한 나라이다. 하지만 자유무역과 경쟁정책으로 얻어낸 산업화의 성공과정에 정부개입주의가 끼어들면서 부작용도 있었다. 정부 주도의 부실투자와 반시장적인 규제 등이 바로 그러한 예에 해당된다.

특히 규제 부분에 있어서는 인터넷 규제 하나만 놓고

도 해외 언론이 우리나라를 가리켜, "세계에서 가장 별난 규제를 하는 나라 가운데 하나"[42]라고 꼬집었을 정도로 심각한 문제를 안고 있다. 사실 우리나라는 자타가 공인하는 세계적인 인터넷 강국이다. 그럼에도 불구하고 국내의 인터넷 관련 업체들은 시장에서 볼멘소리를 터트릴 수밖에 없는 입장이 되었다. 과도한 정부 규제 때문에 각종 인터넷 관련 서비스에서 해외 업체에 비해 경쟁력이 떨어졌기 때문이다.

따라서 우리나라가 오랜 경기 침체를 탈피하고 새로운 비즈니스가 활발히 이루어지는 나라가 되기 위해서는 불필요한 규제를 완화하는 정부의 시장친화적인 노력이 절실하다. 또한 정부는 정부가 집중해서 해야 할 본연의 일, 곧 재산권 보호와 치안, 국방, 사회기반시설, 복지 등 법치와 자유 경쟁을 보호하는 다양한 일들에 관해서는 분명하고 철저하게 그 역할을 수행해야 한다. 바로 이것이 정부가 공권력의 위엄과 법의 엄격함을 유지해야 하는 진짜 이유다.

제 5 장

신용,
믿고 사는 사회가 아름답다

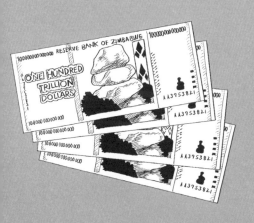

신용도 자본이다

정직이 최고의 자산이다

물가 안정이 사회 안정의 열쇠다

시장경제에서 이루어지는 모든 거래는
당사자들 간의 상호 신용을 바탕으로 이루어지며
신용이 없이는 어떠한 거래도 참여하지 못한다.

신용도 자본이다

신용카드의 유래

1949년, 미국의 사업가인 프랭크 맥나마라Frank Mc-Namara가 중요한 고객들을 뉴욕의 유명 음식점에 초청하여 저녁식사Diners를 대접하였다. 그런데 식사를 끝내고 음식 값을 지불하려는 순간, 프랭크는 그만 지갑이 없다는 사실을 알아차렸다. 지갑을 사무실에 놓고 왔던 것이다. 프랭크는 고객들 앞에서 뜻하지도 않게 곤욕을 치르며 진땀을 흘려야만 했다.

하지만 얼마 뒤, 프랭크는 그 일을 계기로 현금이 없을 때 현금처럼 사용할 수 있는 결제수단을 고안하게 되었는데, 바로 신용카드의 효시인 '다이너스 카드Diners Card'이다.

오늘날 사람들은 신용카드라는 조그만 플라스틱 조각 하나로 당장 돈을 내지 않고도 다양한 물품이나 서비스를 매매할 수 있다. 장을 보거나 대중교통을 이용하기도 하고, 각종 공과금도 내며, 병원에 가서 치료도 받을 수 있다. 심지어 바다 건너 이웃나라에 있는 신상품까지 인터넷을 통해 얼마든지 구매할 수 있다.

신용카드의 기능에서 알 수 있듯 신용이란 말의 경제적 의미는, '거래한 재화의 대가를 앞으로 치를 수 있는 능력'으로, 간단히 말해 지급능력이라고 할 수 있다. 그래서 시장경제에서 이루어지는 모든 거래는 당사자들 간의 상호 신용을 바탕으로 이루어지며, 신용이 없이는 어떠한 거래도 참여하지 못한다. 특히 장기 거래의 경우 신용이 더욱 중시되는데, 계약이 잘 지켜질지 의심되는 사회와 계약이 잘 지켜지는 사회에서 행해지는 거래는 경제적으로 전혀 다른 성과를 만들어 내기 때문이다.

약속이 잘 지켜지지 않는 사회, 부정과 거짓이 만연한 사회에서는 경제 주체들이 자기 것을 빼앗길지 모른다는 두려움과 약속 위반에 대한 불안을 갖게 되어 장기적인 경제활동을 회피하게 된다. 따라서 신용 기반이 부실한 경제는 위축될 수밖에 없다. 반면에 약속이 잘 지켜지는 사회, 경제 주체들이 서로 믿고 거래할 수 있는 사회에서는 장기적인 경제활동도 활성화될 수 있다. 영국에서 보험을 비롯한 금융산업이 발달한 것도 신용을 중시하는 사회·문화적 배경 속에 거래자들 간의 장기 계약이 오랫동안 잘 지켜졌기 때문이다.

보이지 않는 신용이 이윤을 창출한다

신용은 하루아침에 증명되는 것이 아니라, 지속적인 거래 관계를 통해 보여주어야 하는 가치로서 누구나 쉽게 가질 수 있는 것은 아니다. 그러나 시장에서 한 번 쌓인 신용은 거래를 오랫동안 유지시키며, 점증적으로 또 다른 거래를 새롭게 파생시킨다는 특징이 있다. 그래서 기업은 고객의 신용을 얻기 위해 최선을 다하고, 좋은 품질과 서비스로 고객의 신용을 얻어 낸 기업은 브랜드 가치가 높아져서 지속적으로 커다란 수익을 창출할 수 있게 된다. 그런 의미에서 신용은 이윤을 창출하는 또 하나의 자본이라고 할 수 있다.

현대건설이 국내 건설업계 사상 최초로 해외수주 1,000억 달러의 위엄을 달성할 수 있었던 것도, 해외 건설시장에서 오랫동안 쌓아 온 두터운 신용 덕분이었다. 현대건설은 1965년 태국의 고속도로 공사를 수주하면서 국내 건설사로는 최초로 해외 건설시장에 뛰어들었다. 이후 현대건설은 48년 동안 신용을 우선시하는 신용제일주의를 원칙으로 해외 건설시장을 확대해 나갔다. 그 결과 현대건설이 2013년까지 수주한 해외수주 금액은 1,000억 달러를 돌파하여 국내 건설업계의 전체 해외수주 누계 중 약 17퍼센트에 해당하는 기록을 세웠고, 2위권 그룹과는 2배 이상의 격차를 보였다. 현대건설이 해외 발주처로부터 쌓은 큰 신뢰는 과거뿐 아니라, 앞으로도 더 많은 공사를 수주하는 데 큰 밑천이 될 것이다.

국가도 신용도에 따라 거래 관계가 달라진다. 국가의 신용 정도를 나타낸 등급을 '국가신용등급'이라고 하는데, 국가신용등급은 한 나라의 채무(외채) 상환 능력에 따라 정해지며, 해당 국가의 전체적인 경제력을 바탕으로 평가된다. 국가신용등급이 높으면 외국 투자자들의 채권 매입이

순조롭게 이루어질 뿐 아니라, 채권시장이나 주식시장에도 외국 투자자들을 끌어들일 수 있다는 장점이 있다. 이는 금융비용을 감소시킨다. 또한 국가신용등급에 따라 국가 경제력이 인정받음으로 인해 해당 국가에 소속한 기업들도 상대적으로 높은 신용평가를 받을 수 있게 된다.

정직이 최고의 자산이다

정직에 관한 잘못된 편견

사람들은 좋았던 기억을 곱씹으며 행복에 젖기보다는 나빴던 기억을 담아둔 채 두고두고 상처를 받는 일이 더 많다.[43] 그래서 대개의 경우, 사람들은 얻은 것보다 잃은 것을 더 크게 생각하고, 도움 받은 일보다 상처 받은 일을 더 오래 기억하는 경향이 있다.

"정직하면 손해 본다"는 말도 같은 원리로 이해할 수 있다. 사람들은 정직한 행동으로 이익을 얻은 경험보다 직접적으로든 간접적으로든 손해를 보게 된 경험을 더 선명하게, 더 오래 기억하기 때문에 정직하면 손해 본다는 생각을 할 수 있다. 또 남을 속이는 방법으로 얻게 되는 이익은 대부분 눈앞에 쉽게 나타나지만, 그로 인해 얻게 되는 손해는 곧바로 나타나지 않는 경우가 많다. 반대로 정직한 행동으로 얻게 되는 이익은 금세 나타나지 않지만, 정직한 행동으로 야기되는 손해는 즉각적으로 나타나는 경우가 많다. 그래서 정직하지 않은 방법으로 성공하는 사람들이 정직한 방법으로 성공하는 사람들보다 더 많은 것처럼 보일 수 있다.

하지만 부실공사나 사기, 뇌물수수, 장부 조작 등 정직하지 않은 방법이나 행동들은 끝내 탄로 나기 마련이고, 한번 잃어버린 신용은 원래대로 회복하기 어렵다. 또한 정직하지 못한 행동이 탄로 나거나, 신용을 잃게 되어 파생되는 손실은 부정직한 방법으로 얻었던 이익보다 비교도 못할 만큼 막대하다. 그리스가 빚더미에 오르며 재정 파탄에 허덕이게 된 것도 그러한 사실을 잘 뒷받침해 준다.

과거 그리스 정치인들은 총선을 할 때마다 복지 증진을 주요 선거공약으로 내세우며 수십 년 동안 실업문제와 복지문제를 해결하는 데 막대한 재정을 쏟아 부었다. 그 결과 그리스는 급격한 긴축정책으로도 만회할 수 없을 만큼 엄청난 부채를 떠안게 되었다.

또한 그리스 정치인들은 유로존에 가입하기 위해 회계장부를 조작하고, 재정적자를 절반 이상이나 축소해서 발표하기도 하였다. 그리고 유로존에 가입한 뒤에는 유로화를 사용하며 해외에서 쉽게 빌린 돈으로 또다시 퍼주기 식복지정책을 펼쳤다. 그로 인해 그리스의 복지시스템과 국가경쟁력은 더 이상 회복할 수 없을 지경으로 망가지게 되었다. 결국 부정직한 정치지도자들이 그리스를 파탄에 빠트린 것이다.[44]

결국은 정직한 사람이 성공한다

부정직한 행동과는 달리, 투명하고 정직한 행동들은 시간이 지날수록 더 큰 신뢰와 더 많은 이익을 얻게 한다. 그래서 정직한 기업이 그렇지 않은 기업보다 훨씬 크게 성공하고, 훨씬 오래가는 것이다. 정직을 최고의 가치로 삼았던 미국의 신화적 실업가인 존 워너메이커John Wanamaker의 이야기도 이 같은 사실을 명백히 증명해주고 있다.

가난한 가정에서 태어나 초등학교도 졸업하지 못한 존

은 어려서부터 가게 점원으로 일하며 돈을 벌었다. 존은 성품이 워낙 정직해서 옷을 팔 때도 손님들에게 옷의 장단점을 사실대로 설명했는데, 어느 날 이런 모습을 가게 주인이 보게 되었다. 주인은 존을 나무라며 그렇게 장사했다간 돈을 벌 수 없다고 충고하였다. 하지만 존의 생각은 주인의 생각과 달랐다. 정직하게 팔아야 손님이 가게를 다시 찾을 거라는 것이었다.

주인은 평소 성실하게 일했던 존의 말을 믿어보기로 하고, 존의 행동에 더 이상 간섭하지 않았다. 그런데 가게는 점점 손님들로 붐볐고, 장사는 말할 것도 없이 잘되었다. 훗날 가게 주인은 세상을 떠나면서 존에게 가게를 물려주었고, 덕분에 존은 23세에 남성의류점을 갖게 되었다.

존이 의류점을 운영할 당시는 교통이 발달하지 않아 물건이 제때 공급되지 않았다. 그래서 상점 주인들은 물건값을 마음대로 부르는 경향이 있었고, 인기 있는 품목일수록 물건 값이 원가보다 훨씬 높게 팔리는 현상이 벌어졌다. 그러나 존은 상품에 가격을 표시하는 정가판매제를 도입하고 품질표시도 실시했다. 뿐만 아니라, 고객이 원하면 언제라도 반품과 교환을 가능하게 하는 파격적인 서비스를 시행했다. 그 결과 존이 운영하던 가게는 점점 번창하기 시작했고, 존은 미국 최초로 뉴욕에 백화점을 세우며 미국의 10대 재벌에 이름을 올리게 되었다. 그리고 '백화점 왕'이라는 별명을 얻게 된 존 워너메이커는 오늘날까지도 성공한 기업가의 대표적인 모델이 되어 정직의 중요성을 다시금 일깨워 주고 있다.

물가 안정이
사회 안정의 열쇠다

극심한 인플레이션이 낳은 고액 지폐

경기가 어려워져 가계가 여유롭지 못하면, 설날에 세뱃돈을 주는 것도 꽤나 부담스러운 일이 된다. 세배하는 아이들이 한두 명도 아닌데 5만 원짜리 지폐를 주자니 너무 부담스럽고, 그렇다고 중고등학생이 된 아이들한테 만 원짜리 지폐 한 장 달랑 주기는 또 민망하다. 그래서 요즘은 세뱃돈에 외국 지폐를 함께 끼워 주는 것이 유행이다. 우리 돈으로 4,000원 정도면 살 수 있는 100조 달러짜리 지폐가 바로 대표적인 세뱃돈용 외국 지폐다.

액수가 너무 커서 아이들이 갖고 노는 은행놀이 지폐처럼 보일 수도 있지만, 사실 이 지폐는 2009년에 짐바브웨에서 실제로 통용된 적이 있는 지폐다. 비록 17일 만에 발행이 중단되긴 했지만, 지금은 한국이라는 낯선 땅에서 부담 없이 넉넉한 마음도 전하고, 재미도

안겨 주는 세뱃돈으로서 인기리에 활용되고 있다.

그런데 짐바브웨에서는 왜 이토록 엄청난 고액지폐를 발행했던 것일까? 이유는 극심한 인플레이션 때문이었다. 짐바브웨는 1990년대 최악의 가뭄 사태로 경제 상황이 악화되자 토지개혁을 강행했는데, 이 때 필요한 자금을 마련하기 위해 정부가 화폐를 마구 찍어대기 시작했다. 게다가 2000년대 초반부터 강화해 온 가격 통제와 외환 통제, 수출입 통제 등 정부의 지나친 통제 정책으로 실물 및 금융 경제가 심각하게 왜곡되면서 짐바브웨는 1999년 이래 9년 연속 마이너스 성장을 기록하였다.[45] 그 결과 짐바브웨는 세계 최고 수준의 살인적인 인플레이션을 겪게 되었고, 2008년에는 물가상승률이 무려 2억 퍼센트 이상으로 치솟는 하이퍼인플레이션(초인플레이션)이 발생하였다. 당시 300조 짐바브웨달러는 고작 1달러와 맞먹는 정도에 불과했다.

이에 짐바브웨 정부는 2009년 1월 100조 달러짜리 지폐를 새로 발행하는 초강수를 두었지만, 이미 밑 빠진 독에 물 붓는 격이 되어 인플레이션을 잡는 데는 성공하지 못하였다. 결국 같은 해 4월, 짐바브웨 정부는 자국 화폐 발행을 중단하고 미국 달러를 사용하기로 결정했다. 그리고 극도의 인플레이션으로 곤욕을 치렀던 짐바브웨는 2013년 기준, 국가 예산이 217달러(약 24만 원)밖에 남지 않은 것으로 드러났다. [46]

물가안정이야말로 정부가 힘써야 할 우선 목표

그런데 화폐 공급량이 급격히 높아지는 이유는 무엇 때문일까? 일반적으로 화폐 공급이 급격히 증가하는 현상은 정부가 재정지출을 충당하기 위해 통화팽창정책을 채택해서 발생한다. 우리나라도 일찍이 흥선대원군의 통화팽창정책으로 인해 극심한 인플레이션을 경험한 일이 있다.

구한말 고종의 즉위로 섭정을 하게 된 흥선대원군은 왕실의 권위를 회복하기 위해 경복궁재건사업을 단행하는 한편, 외세의 침략에 대비하기 위하여 군대를 증강하고자 하였다. 그러나 이 두 가지 사업은 조선 정부에 재정적으로 막대한 타격을 안겨 주었고, 흥선대원군은 이 문제를 해결하고자 당백전을 발행하기에 이르렀다.

당백전은 말 그대로 '하나가 엽전 100개', 즉 상평통보 100개에 해당하는 돈을 의미한다. 그런데 당시 당백전의 실질가치는 상평통보의 5~6배 정도밖에 안 되어서 원래는 당오전, 또는 당육전으로 통용되었어야 했다. 그러나 당백전의 명목가치는 실질가치보다 20배나 넘게 책정되었고, 조선 정부는 당백전을 대량으로 발행함으로써 일시적으로 거액의 차익을 벌어들일 수 있었다. 하지만 당백전의 과도한 발행은 결국 통화가치를 크게 하락시켜 극심한 인플레이션과 국가재정의 파탄을 초래하였다. 그리하여 당백전을 발행한 지 2년 만에 흥선대원군은 결국 당백전의 주조와 사용을 금지시켰다.

한편, 당백전의 가치가 어느 정로도 떨어졌는지 알려주는 예가 지금도 남아 있다. 바로 '땡전 한 푼도 없다'는 말의 '땡전'이다. 당시 당백전으로 인해 인플레이션의 폐해를 입게 된 사람들은 돈의 가치를 크게 떨어뜨린 당백전을 '당

돈'이라고 낮잡아 불렀고, 나중에는 '땡전'으로 바꿔 불렀다. 그래서 땡전은 지금까지도 '아주 적은 돈'을 가리키는 말로 사용되고 있다.

인플레이션이나 디플레이션으로 물가가 안정되지 않은 상태에서는 경제행위자에게 불확실성을 높이고 경제비용을 높여 활동성과 성장성을 해친다. 게다가 물가 불안이 계속되면 정치적으로 민심이 동요하고 상호 불신과 증오심이 커지게 되어, 사회적으로 불안심리가 증폭된다. 이에 따라 개별 소비자는 소비를 줄일 수밖에 없고, 경제 전체의 생산량도 줄어들어 시장경제가 위축되고 경기도 침체될 수밖에 없다. 그래서 물가안정은 어느 나라에서든 정부가 추구해야 할 상위의 정책목표가 되고 있다. 하지만 물가안정이 바람직한 목표라고 해서 그에 따른 정책 수단까지 무조건 정당화되는 것은 아니다.

가장 부작용이 큰 방식이 정부가 직접 가격을 통제하는 것이다. 정부가 나서서 물건 가격을 정하고 이를 어길 경우 행정적으로 억압하는 것이다. 우리나라는 과거 자장면, 설렁탕 가격을 통제했고, 지금은 이동통신 요금을 간접적으로 통제하고 있다.

그렇다면 물가를 잡는 바람직한 방법은 무엇인가? 현실적으로 많은 나라에서 채택하는 선진화된 기법은 금리 조정을 통한 통화정책과 환율정책이다. 그러나 정책의 현실적인 선택 가능성도 중요하지만, 과연 최선의 선택인지도 따져 봐야 한다. 정부의 금리 조정이 오히려 경기순환의 진폭을 키우는 것은 아닌지 살펴보아야 한다는 뜻이다. 또한 환율도 인위적으로 올리거나 내리기보다는 시장의 자율적인 조정기능에 맞게 움직이도록 하는 것이 바람직하다.

이와 함께 인플레이션의 속성을 분명히 이해하는 것도 물가안정을 위한 해법의 바탕이 될 수 있다. 과거의 물물교환 경제에서는 상대적인 가격 변화만 있을 뿐 인플레이션이라는 것은 존재하지도 않았다. 그런 의미에서 인플레이션은 정부가 만드는 것이라고 할 수 있다. 정부가 화폐발행권을 독점적으로 보유하게 되면서, 경제가 어려울 때마다 돈을 마구 풀어 평균적인 화폐가격과 화폐구매력을 하락시키는 현상이 인플레이션이기 때문이다. 그래서 인플레이션은 국민이 가지고 있는 돈을 정부가 보이지 않게 약탈하는 것이라고도 말할 수 있다.

수많은 역사적 사실을 통해 증명된 바, 경제를 살리겠

다면서 정부가 돈을 풀게 되면 오히려 경제적으로 크나큰 후유증만 남았다. 따라서 물가를 안정시키기 위해서는 이 같은 반복적인 실패가 발생하지 않도록 안정적인 통화정책을 실행하는 것이 중요하다.

물가 안정은 생활 안정, 재산권 보호 등 실질적인 면에서 사람들을 삶을 보호한다. 그런 면에서 물가 안정은 정의로운 방식으로 경제 운용이 이루어지고 있음을 드러낸다.

제 6 장

관용, 마땅히 인정하고
받아들여야 할 것들

소득 격차는 자연스러운 질서다

소수를 억압하지 말아야 한다

자본주의는 정의롭다

문명사회에서도 마녀사냥이 일어나는 이유는
사회 구성원들 사이에 '피해자 아니면 가해자'라는
이분법적 시각이 넓게 퍼져 있기 때문이다.
이러한 시각은 단편적인 사실만 가지고 진실을 오도하게 만들고
여론을 조작할 수 있는 위험이 있다.

소득 격차는
자연스러운 질서다

프로 선수의 몸값이 비싼 이유

2013년 12월, 추신수 선수가 텍사스레인저스와 1억 3,000만 달러(약 1,380억)에 계약을 체결하여 커다란 화제를 불러일으켰다. 이번 추신수 선수의 계약금액은 한국인 선수로서는 물론, 아시아 선수로서도 최초로 1억 달러를 돌파한 기록으로서 의미가 더욱 컸다. 메이저리그에서 추신수 선수의 위상이 얼마나 대단한가를 쉽게 짐작해 볼 수 있는 사례라 할 수 있다.

추신수 선수의 계약 소식을 접한 네티즌들은 대부분 축하와 응원, 부러움의 메시지를 남겼다. 네티즌 중에는 추신수 선수와는 비교도 안 될 만큼 적은 연봉을 받고 일하는 사람들이 훨씬 많을 것이다. 그럼에도 불구하고 추신수 선수의 연봉이 많은 것에 대해 그들이 불공평하거나 부당하다고 악성 댓글을 달지 않은 이유는 무엇 때문일까?

자본주의를 비판하는 사람들이 주장하는 가장 일반적인 지적은 자본주의가 부의 불평등을 야기시켜 부익부 빈익빈 현상을 초래한다는 것이다. 하지만 불평등은 자유 경쟁의 기회조차 주어지지 않는 사회, 즉 법치보다는 인치 하에 가문이나 혈통, 혹은 특정 단체에 소속된 소수의 사람들에 의해 지배되는 사회에서 더욱 극명하게 나타난다. 그래서 번영과, 평등, 안전을 약속하며 모든 자원을 소유하고 분배하는 사회주의 국가에서야말로 빈곤과 불평등이 훨씬 극심하게 나타나는 것이다. 1991년 사회주의 국가인 소련이 붕괴하고, 그 뒤를 이어 동유럽 국가들이 잇따라 자본주의체제를 받아들이게 된 것도 사회주의의 병폐를 드러낸 단적인 예라고 할 수 있다.

사실 자본주의 사회에서는 누구나 법 앞에서 평등하며, 어느 누구에게도 법적인 특권이 주어지지 않기 때문에 누구에게든 경쟁을 통해 부자가 되거나 성공할 수 있는 기회가 주어진다. 그래서 누구나 자신이 원하는 분야에 도전할 수 있고, 그 일에 최선을 다해 실력을 인정받게 되면 '부富'라는 대가를 얻을 수 있다. 세계적인 스포츠 선수나 인기 연예인들이 최고의 위치에 올라 엄청난 수입을 벌어들이는 것도 그들이 속한 분야에서 남다른 노력과 실력을 인정받은 대가라고 할 수 있다.

그런 의미에서 자본주의 사회에서 소득의 격차나 상대적 빈곤이 나타나는 것은 오히려 자연스러운 현상으로 이해할 수 있다. 각자 일하는 분야에 따라 사회적 기여도나 전문성, 위험 부담, 수익 규모 등이 다르기 때문에 소득이 다를 수 있고, 또 같은 분야에서 일하는 사람들이라도 저마다 다른 재능, 다른 노력, 다른 경력을 가졌기에 좀 더 좋은 조건을 갖춘 사람이 더 많은 성과를 올리고 더 많은 혜택을 누리는 것은 당연한 일이다. 반대로 더 많은 재능을 가지고 있고, 더 많은 노력을 했음에도 불구하고 그렇지 못한 사람들과 똑같은 대우(소득)를 받아야 한다면 그것이야말로 더 불평등한 일이라고 할 수 있다.[47]

다이아몬드는 아름답다는 것 외에 물보다 쓸모 있는 점이 별로 없다. 그래서 사람들은 다이아몬드 없이는 잘 살아도, 물 없이는 절대 살 수 없다. 그럼에도 불구하고 다이아몬드의 가격이 물보다 훨씬 비싼 이유는 무엇 때문일까? 그건 바로 다이아몬드가 가진 희소성 때문이다.

세계적인 스포츠 선수나 인기 연예인들이 일반 직장인들보다 높은 연봉을 받는 것도 희소성의 차원에서 이해할 수 있다. 스포츠 스타나 인기 연예인들이 대중에게 주는 기쁨과 즐거움은 다른 어떤 것으로 대신할 수 없는 독특한 희소성을 가지고 있다는 이야기다. 그래서 많은 사람들이 자신이 좋아하는 스포츠 선수나 연예인을 보기 위해 비싼 돈을 지불해서라도 운동경기나 영화, 공연을 관람하는 것이다.

한편, 인기 연예인들이나 스포츠 스타들이 고액의 연봉을 받는 것은 시장경제가 경제적으로 효율적일 뿐 아니라, 공평하고 도덕적이라는 사실을 보여주는 예이기도 하다. 시장에서는 타인에게 무언가 필요한 것을 제공해야 돈을 벌 수 있다. 물건이든, 도움이든, 그 밖의 어떠한 혜택이든 돈을 벌기 위해서는 상대에게 서비스를 제공해야 한다는 뜻이다. 따라서 소득이 많다는 것은 그 만큼 타인에게 서비스를 많이 제공했다는 뜻이 되고, 소득이 적다는 것은 타인에게 제공한 서비스도 적다는 뜻이 된다. 그러므로 자본주의 사회에서 나타나는 소득의 격차는 경제적으로나 도덕적으로 지극히 당연한 결과일 뿐, 불평등과는 거리가 멀다.

게다가 소득 격차가 발생한다 하더라고 자본주의가 발달한 나라에서는 경제성장으로 인한 물질의 풍요나 교육의 혜택이 전반적으로 많은 사람들에게 돌아간다는 특징이 있다. 사회주의 국가보다 자본주의 국가가 더 잘살고, 중산층 삶의 질에서도 현격한 차이를 보인다는 점이 이러한 사실을 잘 드러내고 있다. 또 사회주의 국가는 권력계층이 경제를 모두 장악하고 있기 때문에 자본주의 국가보다 소득 불평등이 더 심각하다. 과거 구소련이나 동유럽의 사회주의 국가들이 그랬고, 오늘날에는 북한이 그러한 모습을 잘 보여주고 있다.

그럼에도 불구하고 자본주의 사회에서 소득 격차에 따른 불평등을 해소한다며 소득재분배를 강조하면, 정부의 개입이나 통제만 불러일으키기 쉽고 경제시스템의 근간이 크게 흔들릴 수 있다. 물론 복지 제공 과정에서 소득의 재분배가 어느 정도 필요할 수는 있지만, 이 때문에 정부가 법이나 정책을 이용하여 고소득자의 재산을 함부로 약탈하는 장치를 만드는 것은 사회적으로 위험한 일이다. 그렇게 되면 사람들이 열심히 일해서 소득을 올리려는 인센티브가 사라져 경제활동이 위축될 수밖에 없다.

뿐만 아니라 수혜를 받게 된 사람들의 경우, 소득을 얻기 위해 스스로 노력하기보다는 정부의 도움에 기대려는 경향이 생겨 경제활동에 소극적인 태도를 보일 수 있다.

소득재분배정책이 당장은 국민들에게 도움이 되는 것처럼 보일지라도, 가난한 사람들을 돕는 근본적인 대책이 될 수는 없으며, 경제시스템을 어지럽힐 수 있는 위험한 정책임을 간과하지 말아야 한다.

소수를 억압하지
말아야 한다

하루아침에 마녀가 되는 사람들

프랑스와 영국은 1337년부터 1453년까지 장장 백여 년이라는 긴 시간 동안 싸움을 지속한 적이 있다. 바로 백년전쟁이다. 백년전쟁은 프랑스의 왕위계승권과 영토권을 둘러싼 전쟁으로, 처음엔 영국군이 우세했다. 그러나 신의 계시를 받았다는 어린 소녀, 잔 다르크Jeanne d'Arc의 등장으로 전세는 완전히 뒤바뀌게 되었다.

잔 다르크는 16세의 여린 몸으로 프랑스 군의 선두에 서서 영국군에게 포위되었던 오를레앙 성을 탈환하고, 이후 각지에서 눈부신 전과를 거두며 기울었던 프랑스의 전세를 완전히 역전시켰다. 그러나 프랑스의 구국 소녀 잔 다르크는 영국군과 손을 잡았던 부르고뉴 파에 의해 영국군에 넘겨졌다. 그리고 어처구니없게도 마녀라는 누명을 뒤집어쓴 채 전쟁터가 아닌 화형장에서 19세의 나이로 짧은 생을 마감해야 했다. 누구보다 선량하고 정의로웠던 애국소녀를 순식간에 마녀로 둔갑시켜 죽일 수도 있는 것, 그것이 바로 다수의 힘이다.

진짜 마녀도 아닌데, 사람들이 특정인을 마녀로 몰아 마녀사냥을 하는 이유는 무엇 때문일까? 이에 대해 정치학에서는 전체주의의 산물로, 심리학에서는 집단 히스테리의 산물로 해석하며, 사회학에서는 집단이 절대적 신조를 내세워 개인에게 무차별한 탄압을 하는 행위로 바라본다. 각각의 견해를 종합하여 한마디로 다시 정리하면, '집단의 야욕(분풀이나 책임전가 등)을 충족시키기 위해 악의적으로 합의된 다수의 횡포'가 바로 마녀사냥이라고 할 수 있다. 그래서 마녀사냥이 결의되면 '합의된 다수'에 의해 희생양으로 지목된 '힘없는 소수'는, 어떠한 저항이나 해명의 여지없이 무참하게 목숨을 빼앗기고 만다.

지금도 파푸아뉴기니에서는 무고한 여성들이 다수의 모함으로 인해 마녀라는 누명을 쓰고 처참히 목숨을 잃는 일이 부지기수로 일어나고 있다. 파푸아뉴기니에는 아직도 원시부족공동체의 특징이 그대로 남아 있는 마을이 많이 있다. 그래서 법보다는 마을 원로들의 결정이 더 우선시되고, 주민들 사이에는 마법에 대한 미신이 깊게 깔려 있다. 이 때문에 마을에서 누군가 갑자기 죽는 일(사고 때문이든 병 때문이든)이 생기면, 사람들은 마녀가 마술을 걸었기 때문이라고 믿고 마녀를 색출하기 시작한다. 그리고 이때 마녀로 지목되는 사람은 대개 가족이나 이웃 가운데 힘없는 여성이나 노인이 된다. 물론 이들은 진짜 마녀도 아닐뿐더러, 살인자도 아니다.

그럼에도 불구하고 일단 마녀라고 지목된 여성은 상상도 못할 만큼 끔찍한 고문과 성폭행을 당한 뒤 화형대에 올라 무참히 살해된다. 파푸아뉴기니 정부는 이러한 악습을 막기 위해 오랫동안 총력을 기울이고 있지만, 마을 사람들이 은밀히 합의하여 진행하는 일이라 손을 쓰기가 어려운 실정이다. 게다가 화형식이 경찰에 신고되는 일이 있어도, 군중이 경찰의 진입을 막아 끝내 아무런 조치도 취할 수 없는 경우가 대부분이다.

이분법적 시각이 만들어 낸 현대판 마녀사냥

우리 사회에서도 현대판 마녀사냥이 인터넷의 발달에 따라 '인격 살인'이라는 여론 몰이의 형태로 성행하고 있어 심각한 사회적 물의를 일으키고 있다. '채선당 임산부 사건'[48]이나 '된장국물녀 사건'[49] 등이 바로 그러한 예에 해당된다. 다행히 이 사건들은 진실이 밝혀짐으로 일단락되었지만, 누명을 쓴 당사자들에게는 평생 동안 지울 수 없는 상처를 남겼다.

미신과는 상관없이 문명사회에서도 마녀사냥이 일어나는 이유는, 사회 구성원들 사이에 '피해자 아니면, 가해자'라는 이분법적 시각이 넓게 퍼져 있기 때문이다. 이분법적 시각은 단편적인 사실만 가지고 진실을 오도하게 만들고, 여론을 조작할 수 있는 위험이 있다. 그래서 마녀사냥처럼 무고한 소수의 인권을 무차별적으로 탄압하고 유린하는 결과를 불러일으키는 것이다. 더구나 마녀사냥은 대중이 정부나 사회에 쌓인 불만을 해소시키는 수단으로 이용될 수 있고, 누구나 목표물이 될 수 있다는 점, 그리고 여론이라는 명목 아래 법질서를 흐릴 수 있다는 점에서 상당히 악하고 위험하다.

　부자나 대기업이 대중에게 미움을 받는 것도 좌편향적 편견과 반기업적 편견에서 비롯된 이분법적 시각 때문이라고 할 수 있다. 특히 우리나라에서는 대기업이 공공의 적으로 매도당하는 일이 많은데, 선거철만 되면 이러한 현상이 더욱 극명하게 드러난다. 경기침체와 맞물려 대기업을 공격하면 자신들의 인기가 높아질 것이라는 착각으로, 여야가 손을 잡고 모든 문제와 잘못을 대기업에 떠넘기

다 못해 대기업 관련 정책을 반시장적 규제로 채우는 것이다. 그러나 경제문제를 정치적으로 해석하고 강자와 약자의 이분법적 구조로 접근하다 보면 사회적으로 소모적인 논쟁만 일어나고 경제행위는 이익다툼을 위한 정치게임으로 타락하고 만다.

물론 재벌이나 대기업이 아무 문제가 없다는 건 아니다. 다만 국가 권력이나, 시민단체, 노종조합, 소비자 앞에서는 대기업도 힘없는 소수에 불과하다는 것이다. 그리고 법 앞에서는 재벌이나 대기업이라도 어떠한 특권이나 특혜도 누릴 수 없는 게 법치사회의 특징이다. 그러므로 그들이 쌓은 지위나 소득, 명성 등을 시기하거나 매도하기보다는 그들도 법 앞에 평등한 소수라는 사실을 인정하고, 처벌할 일이 있다면 법에 따라 처벌해야지 감정적으로 비판하거나 법을 벗어난 방법으로 처단해선 안 된다. 사회 정의가 흔들리지 않고, 사회 질서가 원칙에 의해 바로잡히기 위해서는 우리 모두 이분법적 시각을 버리고, 소수를 억압하지 않아야 한다.

자본주의는 정의롭다

자본주의보다 나은 대안은 없다

우리나라는 자본주의 국가로서 세계 최빈국에서 출발해 개발도상국을 거쳐 선진국 대열에 합류한 나라로, 전 세계에 경제성장의 기적을 상징적으로 보여주었다. 경제성장은 우리의 삶을 실질적으로 진보시켰다. 수명이 급격히 늘어나 고령화를 걱정할 정도가 되었고, 이제는 끼니 걱정보다는 문화적 혜택을 누리면서 여유롭고 행복한 삶을 추구하는 사람들이 많아졌다.

그러나 세계에는 아직도 가난과 기아에서 벗어나지 못한 나라들이 많이 있다. 전 세계 70억 인구 중 하루 2달러 이하로 생계를 이어가는 사람은 26억 명에 달하며[50], 아시아에서는 인구 2명 중 1명이 하루 2달러 이하의 수입으로 살아가고 있다[51]. 심지어 방글라데시는 전체 국민의 약 83퍼센트가 하루 2달러 미만의 수입으로 생계를 꾸려 나가고 있다. 이러한 데이터는 자본주의를 비판하기 위해 활용되곤 한다. 하지만 이는 잘못된 것이다. 인류는 대부분 그렇게 가난했지만, 자본주의가 발전하면서 가난에서 벗어난 인구의 숫자가 급격히 늘어난 것이다.

그런데 우리나라에선 가능했던 경제성장을 왜 다른 많은 나라들은 성공하지 못하는 걸까? 그 이유는 나라마다 경제체제가 다르고, 그 때문에 경제적 성과도 다르게 나타났기 때문이다. 다시 말해 경제성장이 잘 이뤄지는 체제가 있고, 그렇지 못한 체제가 있는데, 많은 나라들이 경제성장이 잘 이뤄지는 체제를 선택하지 못하거나 잘 운영하지 못해 경제성장을 이루지 못했다는 뜻이다. 물론 세상 어디에도 못살고, 못 먹기를 원하는 국민이나 지도자는 없다. 저마다 자신들에게 가장 적합하다고 믿는 경제체제를 갖고 있지만, 자신들이 옳다고 믿었던 체제가 사실은 빈곤의 길이었던 것뿐이다.

역사 속에서 경제체제는 끊임없이 변해 왔다. 왕권이

나 귀족정치의 시대에는 권력에 의한 지시나 전통에 따라 경제활동이 이뤄졌다. 도시가 발달함에 따라 시장을 통한 자원배분이 확대되면서 자본주의적 방식이 점차 확대되었다. 주로 해양 국가들이 시장경제 방식을 선호했는데, 무역이 그 중심적 역할을 했다. 그리고 시장경제 시스템을 먼저 확대하고 발전시킨 국가들이 경제발전을 주도했고, 선진국으로 성장했다.

하지만 경제성장 과정에서 상대적 빈부 격차에 따라 정치적 갈등이 발생했고, 평등을 추구하는 공산주의 국가들도 나왔다. 자본주의의 맹주인 미국과 사회주의 세력의 선두국가였던 소련의 다툼은 인류 역사에서 가장 치열한 체제경쟁이었다. 결과는 삶의 질에서 드러났다. 미국에서는 가게에 빵이 쌓여 있었던 반면, 소련에서는 빵을 구하기 위해 줄을 서야 했다.

뿐만 아니라, 독일의 베를린 장벽이 무너지고 소련이 붕괴되면서 자본주의 시장경제와 사회주의 계획경제라는 두 경제체제의 경쟁도 막을 내렸다. 이를 프랜시스 후쿠야마Francis Fukuyama는 '역사의 종언'이라고 불렀다. 더 이상 자본주의 시장경제와 경쟁할 체제가 없다는 뜻이다.

자본주의가 가장 자연스럽다

　자본주의는 인류가 문명을 만들고 진화해온 생활방식의 핵심 원리이다. 자본주의가 최고의 시스템인지는 확신할 수 없지만, 지금까지 인류가 자본주의보다 더 나은 방식을 경험하지 못했다는 점을 고려한다면 자본주의보다 더 나은 시스템이 없다는 점은 자명한 사실이다.

　자본주의는 살아있는 것처럼 스스로 변화하는 환경에 대응하여 더 나은 방식으로 진화해 왔고, 다른 체제와는 달리 문제를 유연하게 해결하는 시스템이다. 예컨대 1979년 석유파동으로 세계 석유가격이 폭등했을 때, 사람들은 난방비를 줄이기 위해 석유 수요량을 줄였다. 자동차를 타는 사람들도 대중교통을 이용하거나 대형차 대신 소형차를 사용함으로 석유 수요량을 줄였다. 또 어떤 기업은 해외에 나가 유전을 개발함으로써 공급량을 늘리려고 노력하였고, 한전에서는 발전용으로 석유를 줄이고 원자력이나 석탄의 사용을 늘려 석유 수요량을 줄였다. 이런 것은 누가 시켜서 한 것이 아니라, 모두가 스스로 알아서 대응한 일들이다.[52]

이와 같이 시장경제에서는 어떠한 경제적 변화가 발생할 때 수요자와 공급자가 수요와 공급을 스스로 조정하면서 문제를 유연하게 해결해 간다. 그리고 이러한 유연함은 자본주의가 민주주의 체제를 기반으로 한다는 데서 기인한다. 자본주의 경제 시스템은 개인의 자유와 인권을 최고의 가치로 두며 이를 위해 재산권과 선택권을 법으로 보장하며, 신용을 자발적 교환의 핵심으로 삼는다. 그래서 정부 개입보다는 시장 구성원들 간의 자발적 거래를 통해 경제활동이 활발히 이루어지고, 경제성장이라는 꽃까지 피우게 되는 것이다.

그런데 반자본주의자들이나 포퓰리즘을 앞세운 정치가들은 자본주의가 소득 불평등과 실업률, 환경오염의 발생을 높이고, 부자나 재벌들에게만 유리한 제도라고 비난한다. 하지만 이러한 지적은 우리 삶의 방식을 제대로 이해하지 못한 오해의 소지다. 또한 관용의 측면에서 마땅히 이해하고 받아들여야 할 문제들이기도 하다. 그래야 문제가 심각해지지 않고 효율적으로 잘 해결될 수 있다. 실제로 이런 문제들을 부정적으로만 바라보고, 정부가 개입하여 강제적으로 해결하려고 했던 국가들은 폭력과 약탈, 부정과 부패, 인권 유린과 탄압만 초래했다.

반면에 자본주의체제에서는 이러한 문제가 덜 발생할 뿐 아니라, 시장경제의 원리에 따라 가장 자연스러우면서도 가장 효과적으로 해결되고 있다. 따라서 자본주의를 다른 체제로 대체하거나 결합하려는 시도는 바람직하지 않다. 지금까지 그래왔듯 자본주의 스스로가 계속 진화할 수 있도록 해야 한다.

주 석

제1장 개인과 자유

1 『설탕과 권력』시드니 민츠 저, 김민호 역, 지호, 1988, p277

2 『문학비평용어사전』한국문학평론가협회 저, 국학자료원, 2006

3 『자유주의로의 초대』데이비드 보아즈 저, 강위석 등역, 북코리아, p179

4 "인문학으로 배우는 비즈니스 영어 'free'"《조선일보》위클리비즈
   http://biz.chosun.com/site/data/html_dir/2014/02/14/2014021402034.html

5 근대경제학파인 오스트리아학파의 선구자로, 자유주의경제학의 토대를 마
   련하였다. 국가가 경제에 개입하면 전체주의로 들어설 수밖에 없다며 사회
   주의와 국가간섭주의를 통렬히 비판하였다.

6 『인문세계지도』댄 스미스 저, 이재만 역, 유유, 2013, p42~43

7 『자유주의, 전체주의 그리고 예술』복거일, 장원재 등저, 경덕출판사, 2007,
   p65~66

8 『정의로운 체제로서의 자본주의』복거일 저, 삼성경제연구소, 2005

9 자유주의 시장경제를 설파한 미국의 경제학자다. 1976년 소비분석, 통화의
   이론과 역사, 안정화 정책의 복잡성 논증 등의 공로로 노벨경제학상을 수상
   했다. 케인스와 더불어 20세기 경제학에 가장 큰 영향을 준 경제학자로 평가

받고 있다.

10 『자본주의와 자유』밀턴 프리드먼 저, 심준보·변동열 공역, 청어람미디어, 2007, p36~37

11 각국의 재정상태, 정부의 규제 정도, 무역정책 등 한 나라의 경제가 얼마나 자유로운가, 기업하기 좋은 경제환경을 갖추었는가에 대해 수치로 계산하여 만든 지표

12 James Gwartney,「Economic Freedom of the World; 2013 Annual Report」 Fraser Institute, 2013.

13 『한국의 자유주의』복거일·박효종·김승욱·김정호 공저, 자유기업원, 2007

14 『왜 중국은 세계의 패권을 쥘 수 없는가』데이빗 매리어트·칼 라크우와 공저, 김승완·황미영 공역, 평사리, 2011, p62

15 Freedom or the press worldwide in 2013, Reporters Without Borders

16 『왜 중국은 세계의 패권을 쥘 수 없는가』데이빗 매리어트·칼 라크우와 공저, 김승완·황미영 공역, 평사리, 2011, p257, p267

제2장 재산권, 경제생활의 밑거름

17 『소유와 자유』리처드 파이프스 저, 서은경 역, 나남, 2008

18 『시장경제의 진화적 특질』유동운 저, 나남, p80, 2009

19 『스토리 시장경제』한국경제교육연구회 저, 북오션, 2011, p63~65

20 『경제학의 유혹』이상률 저, 네모북스, 2005, p246~248,

21 『7천만의 시장경제 이야기』마이클 워커 편, 김정호 역, 자유기업원, 2004, p62

22 『불멸의 이노베이터 덩샤오핑』최재선 저, 청림출판, 2009, p26

23 『기술의 역사』송성수 저, 살림출판사, 2009, p31

24 『과학연구의 경제법칙』Terence Kealey 저, 조영일 역, 자유기업원, 2003, p93~94

25 『새 경제학원론』안재욱·김영용·김이석·송원근 공저, 교보문고, 2012, p620

26 『과학연구의 경제법칙』, Terence Kealey, 조영일 역, 자유기업원, 2003

제3장 선택권, 시장을 이끄는 힘

27 『선택할 자유』 밀튼 프리드먼 저, 민병균·서재명·한홍순 공역, 자유기업원, 2011

28 미국에서 최대 규모의 쇼핑이 이뤄지는 날. 11월 마지막 목요일인 추수감사절 다음 날로, 전통적으로 연말 쇼핑시즌을 알리는 시점이자 연중 최대의 쇼핑이 이뤄지는 날이다. '검다'는 표현은 상점들이 이날 연중 처음으로 장부에 적자(red ink) 대신 흑자(black ink)를 기재한다는 데서 연유한다. 전국적으로 크리스마스 세일에 들어가는 공식적인 날이기도 해서 관련 업계에선 이날 매출액으로 연말 매출 추이를 점친다.(《매일경제》)

29 공·사립을 불문하고 학부모들이 교육예산 가운데 자기의 몫을 정부에서 발행한 교육 바우처로 받아 원하는 학교에 자녀를 보내고 교육비 대신 내는 제도

제4장 법치, 자유시장경제의 수호자

30 지방정부가 공급하는 공공재에 대한 선호도에 따라 지역주민이 이동하는 현상

31 2006년, 전 국왕이었던 맏형 셰이크 막툼이 서거한 뒤 두바이의 국왕이 되었다. 4형제 중 셋째였지만 가장 영특하여 둘째 대신 왕세제로 지명되었고, 왕세제 시절부터 전 국왕을 도와 두바이의 경제 변혁에 주도적인 역할을 담당하였다.

32 『두바이』 서정민 저, 글로연, 2006, p11

33 "쿠바 외무 '쿠바는 지금 임금 개혁 중'"《뉴시스》
http://news.naver.com/main/read.nhn?mode=LSD&mid=sec&sid1=104&oid=003&aid=0002340810

34 삼성스포츠, [스타 다이어리] '쿠바폭격기' 레오 1편
http://www.samsungsports.net/story/storyStarDiaryView?idx=708

35 『노자』 김홍경, 들녘, 2003

36 『춘추전국시대의 법치사상과 勢·術』 이춘식 저, 아카넷, 2002, p163

37 Corruption Perceptions Index 2013(www.transparency.org)

38 Most Corrupt Countries Rankings 2012, 2013 in The World, Information Of The World(www.einfopedia.com)

39 『중국을 이해하는 9가지 관점』 우수근 저, 살림출판사, 2008

40 『인문세계지도』 댄 스미스 저, 이재만 역, 유유, 2013, p48

41 "'新해적' 시대…살인·납치 일삼는 국제적 불한당"《매일신문》 http://www.imaeil.com/sub_news/sub_news_view.php?news_id=3770&yy=2011

42 "Google Jousts With Wired South Korea Over Quirky Internet Rules",《The New York Times》, 2013. 10. 13, ERIC PFANNER

 제5장 신용, 믿고 사는 사회가 아름답다

43 『3초간』 데이비드 폴레이 저, 신예경 역, 알키, 2011, p115

44 "부정직한 정치인이 그리스를 '빚더미'로 몰았다"《머니투데이》 http://www.mt.co.kr/view/mtview.php?type=1&no=2012040521153649692&outlink=1

45 『짐바브웨 개황, 짐바브웨의 경제』 외교부, 2009

46 "짐바브웨 '공무원 월급 주니 나랏돈 24만 원뿐'"《매일경제》 http://news.mk.co.kr/newsRead.php?year=2013&no=78766

 제6장 관용, 마땅히 인정하고 받아들여야 할 것들

47 『자본주의는 어떻게 우리를 구할 것인가』 스티브 포브스·엘리자베스 아메스 공저, 김광수 역, 아라크네, p170

48 채선당 식당에서 한 임산부가 종업원에게 배를 걷어차였다며 유명 인터넷 카페에 억울함을 호소하여 이슈가 되었던 사건. 당시 임산부의 글을 읽은 네티즌들은 분노를 표출하며 채선당에 대한 불매운동까지 벌였다. 그러나 경찰의 사건 조사 결과 임산부와 종업원이 서로 얽혀 싸우는 과정에서 임산

부가 오히려 종업원의 배를 걷어찬 것으로 드러났고, 사건의 발단도 임산부가 종업원에게 지나친 욕설과 폭언을 쏟아 부은 것에서 비롯된 것으로 밝혀졌다.

49 한 아이의 엄마가 화상을 입은 아이의 사진과 함께 화상 테러범을 찾도록 도와달라는 내용으로 인터넷 게시판에 글을 올렸다. 식당에서 된장국 그릇을 들고 있던 중년 여성이 아이에게 된장국을 쏟아 화상을 입히고 사과 없이 사라졌다는 내용이었다. 이후 중년 여성을 비난하는 여론이 거세게 몰아쳤고, 아이의 아버지는 경찰에 해당 여성의 처벌까지 요청했다. 하지만 경찰이 수사에 나서자 중년 여성이 자진 출두하여 아이가 자신의 팔꿈치를 쳐서 된장국을 떨어뜨렸고, 아이는 가던 길로 달려가버려 오히려 자신이 피해자라고 생각했다고 진술하였다. 실제로 CCTV 확인 결과, 인터넷에 올라온 글과는 달리 중년 여성의 말이 사실인 것으로 확인됐다.

50 『인문세계지도』 댄 스미스 저, 이재만 역, 유유, 2013, p41

51 『빈곤실태보고서』 아시아개발은행, 2013

52 『자본주의의 웃음, 자본주의의 눈물』 송병락 저, 김영사, 1998, p147~148

정의로운 체제,
자본주의